KB121410

다섯 가지
기본의 힘

성장하는 사람이 갖춰야 할
다섯 가지 기본력

다섯 가지
기본의 힘

· 이필준 지음 ·

인생의 기본   습관의 기본   생활의 기본   공부의 기본   업무의 기본

더메이커

성인 = 책임을 지는 자

나는 대학교에 진학하지 못하고

백화점 판매원이 되었다.

어느 날 출근길에

고교 동창 친구 녀석과 우연히 마주쳤다.

대학교 점퍼를 입고 있던 그는

친구들과 여행을 떠나려던 참이었다.

그날 밤 일을 마치고 돌아온 나는

'성인의 책임'이 무엇인지 많이 생각해야만 했다.

해야 할 일을 하지 않고

하고 싶은 대로 사는 것은 자유지만

그러면 반드시 대가를 치러야 한다는 것을

그날 이불 속에서 서럽게 깨우쳤다.

잘하는 것을 발견하고 새로운 꿈을 꾸다

백화점에 다니던 그때

남들보다 조금 잘하는 것 하나를 발견했다.

그것은 세일즈였다.

선글라스가 막 대중적으로 유행하고 있던 때였다.

나의 친절한 권유가 잘 통했는지

전국에서 가장 선글라스를 많이 판 신입이 되었다.

"전국 1등이라고?"

이전에 경험하지 못했던 '자신감'을 맛보았고

처음으로 다른 사람에게 칭찬을 받으며

신나게 일했다.

○ ○ ○

당시 하늘 같았던

백화점 정직원 대리님께 물었다.

"대학에서 세일즈를 공부할 수 있나요?"

한동안 생각하던 대리님은

나에게 '무역학과'에 진학하라고 일러주었다.

그때 처음으로 꿈이라는 것을 갖게 되었다.

'무역학과'

○○○

그리고 만난 인생의 터닝포인트

그러고는 곧바로 군대에 갔다.

대학에 가기 위해 군대로 도망간 것이다.

그러나 나는 그곳, 군대에서

인생의 전환점을 만났다.

바로 독서를 시작한 것이다.

군대의 작은 도서관에서 마음껏 책을 읽으며

나는 무작정 세 가지 꿈을 꾸었다.

1. 무역회사의 사장이 되는 것

2. TV와 신문에 나오는 것

3. 내 이야기를 책으로 쓰는 것

○ ○ ○

숱한 좌절의 순간에도

나를 지탱해준 것은 무엇인가

그 꿈을 꾼 지 20여 년이 지났다.

어느덧 나는 무역회사의 사장이 되었고,

TV와 신문에도 나왔고,

책도 한 권 출간했다.

꿈을 이루기 위해 살았던

지난 25년은 참으로 즐거운 시간이었다.

지난 세월

꿈을 이루기 위해 사는 동안

좌절의 순간도 적지 않았다.

○ ○ ○

그런 순간에

나를 지탱해준 것은 무엇이었을까?

대단한 결심과 피나는 노력,

이런 것들이었을까?

바로 기본을 세우고

그걸 지키려고 했던

마음과 실천이 아니었을까?

이제 여기에서 여러분과 함께

내가 지키려 했던

그 '기본'에 대해 이야기해보려 한다.

| 목차 |

1장 인생의 기본

2장 습관의 기본

3장 생활의 기본

4장 공부의 기본

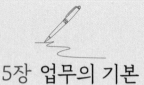

5장 업무의 기본

1장

인생의 기본

"인생이든 연기든 기본이 제일 중요해."

−이순재

인생의 개척자 혹은 산책자

지도를 들고 잘 찾아가고 있는가?

인생의 지도

"인생의 지도가 있는가?"라는 질문을 군대에서 처음 들었다. 화창한 일요일 낮에 방송하던 〈우정의 무대〉라는 군인 위문 프로그램에서 뽀빠이 이상용이 군인들에게 해주던 짧은 이야기 속에서 나는 '인생의 지도'와 만났다. 아마 나와 같이 시청하던 수십 명의 내무반 친구들은 기억조차 하지 못하겠지만, 그날 이후 나는 내 인생의 지도를 잘 간직하고 다니면서 틈이 날 때마다 현재 위치와 지나온 길, 가야 할 길을 천천히 확인하고 있다.

인생의 지도라는 것은 특별한 것이 아니다. 실제 우리가 지도를 보고 목적지를 파악하는 것처럼 내가 지금 있는 곳의 위치와 어디에서 왔는지, 어디로 가는지를 알고 있으면 된다. 특히 중요한 것은 '내가 지금 어디에 있는지'와 '도달하고 싶은 최종 목표 혹은 중간 목표가 어디에 있는지'를 아는 것이다.

인생의 방향을 고민하는 사람들은 다음 세 가지 부류로 구분할 수 있다.

1) 어디로 가야 할지 모르는 사람

이들은 방향을 몰라 혼란스러워 하면서도 매일 똑같은 삶을 살아가고 있다. 학원에 다니거나 독서 모임 등에 참석하며 성장을 위해 노력하고 있는 것처럼 보여도, 최종 목적지를 정하지 않았기에 태양 주변을 돌고 있는 행성 같은 처지에 놓여 있다.

2) 멋진 목적지를 바라보기는 하지만 가려고 하지 않는 사람

이들은 늘 한숨만 쉬며 절망 속에 자신을 가둬놓고 쉽게 포기하는 특징이 있다. 어쩌면 너무 높은 목표를 꿈꾸는 사람일 수도 있다. 산에 대한 전문적인 지식이 없음에도 에베레스트에 오르겠다고 결심한 것과 비슷한 꼴이다. 목적지가 에베레스트라면 단계별 목표를 만들어 훈련하면서 오를 준비를 해야 한다. 하지만 단기간에는 불가능한 일이다.

이런 유형의 사람들은 잘 행동하지 않는다는 특징이 있다. 왜 행동하지 못하는 걸까? 많은 이유가 있겠지만, 게으름 때문이거나 수많은 실패 경험 혹은 성공 경험의 부재 등이 그 원인이 아닐까?

3) 가고자 하는 목적지를 분명히 알고 있고 실제로 가고 있는 사람

이들은 분명 자신의 목적지를 알고 있다. 심지어 그 목적지에 가기 위해 단계별로 중간 목적지를 선택하는 지혜도 가지고 있다. 높은 산 정상에 오를 때 직선으로 곧바로 오를 수 있는 경우는 거의 없다. 때로는 굽이굽이 돌아가기도 하고, 때로는 내려갔다 다시 오르기도 한다. 그렇지만 그들 마음속에는 단 한 가지 목적지가 항상 있다.

내가 만났던 사람들 중에는 안타깝게도 첫 번째 부류에 속하는 사람이 가장 많았다. 그들은 자신의 목적지가 어디인지 잘 모른 채 살아가고 있다. 이제까지 걸어온 길도 제대로 알지 못하기에 목적지는 물론, 자신이 어떤 길을 가야 하는지, 어떤 장단점이 있는지도 모르고 있다.

뽀빠이 이상용은 가난한 집안 환경 탓에 제대로 먹지 못한 어머니에게서 미숙아로 태어났다. 그는 유아기 내내 병마에 시달렸고 여섯 살이 되어서야 간신히 걸음마를 시작했다. 어린 시절 책가방을 들 힘이 없을 정도로 몸이 약했던 이상용은 10대 초반부터 이를 극복하기 위해 보디빌딩을 시작했다. 열심히 노력한 덕분에 고등학교 시절부터 보디빌더로 활약하기 시작한 그는 고려대학교 재학 시절 미스터 고려에 선발되기도 했다. 아마도 그는 보디빌딩을 시작한 10대 초반부터 인생의 지도를 그렸을 것이다.

그런 그가 나에게 인생의 지도 이야기를 들려주었던 것이다.

지도가 커지는 땅따먹기

어릴 때 '땅따먹기' 게임을 자주 하곤 했다. 작은 지점에서 출발해서 점점 땅을 넓혀가는 그런 게임이다.

현재 내가 다니는 회사의 본사는 노르웨이 오슬로에 있다. 10년 이상 이 회사에 다니면서 오슬로에 수십 번 방문했다. 매번 방문할 때마다 호텔 로비에서 동네 지도를 구해 유명한 관광 명소들을 목적지로 정하고 아침 산책을 하곤 했다. 처음에는 호텔 근처 시내 중심으로 걸었고, 주로 사진을 찍으며 다녔다. 최근에는 자전거를 빌려 좀 더 먼 곳까지 다니고 있다. 호텔 지도에 나오지 않는 곳까지 가기 위해 지도책도 구입했다. 이렇게 한번 활동 범위를 넓힌 사람은 더 큰 지도를 구해 세계를 다니며 목적지를 확장하는 행동을 한다.

얼마 전 〈대화의 희열〉이라는 프로그램에서 안무가 리아 킴의 이야기를 들었다. 그녀는 중학교 때 본 외국 가수의 춤에 반해 취미 삼아 동네 문화센터에서 춤을 배우기 시작했다. 아버지의 믿음과 지원으로 대학 대신 스트리트 댄서의 길을 갈 수 있었던 그녀는 지금 우리나라 최고의 댄서이자 안무가로 인정받고 있다. 그녀의 춤을 보기 위해 세계 곳곳에서 리아 킴 유튜브 채널을 구독하는 사람이 1,500만 명 이상이다. 그녀에게 춤을 배우기 위해 스튜디오 근처에 수많은 외국 사람들이 찾아와 대기하고 있다고 하니, 정말 제대로 성공한 댄서가 맞다.

그녀의 목적지가 처음부터 '1,500만 구독자를 보유한 세계적인 댄서'가 되는 것은 아니었을 것이다. 처음에는 대회 우승이라는 목적지에서 시작해 그 다음은 국내 최고의 댄서, 그 다음은 세계 대회 우승이라는 목표를 하나씩 이뤄가며 결국 세계 최고의 자리에 오를 수 있었을 것이다. 놀라운 사실은 이렇게 큰 성공을 거둔데 만족하지 않고 다음 목적지를 분명히 정해 놓고 그 목적지를 향해 노력하고 있다는 점이었다.

그녀는 "'집밥 백 선생'처럼 '집춤 김 선생'이 되고 싶어요"라면서 "춤을 댄서들만의 문화가 아니라 사람들이 편하게 즐길 수 있는 문화라고 느끼게 만들고 싶어요" 하고 향후 포부를 밝혔다.

지도의 개척자 혹은 둘레길을 따라가는 산책자

목적지를 알고 가는 사람과 앞사람만 보고 따라가는 사람의 차이는 매우 크다.

세계적인 투자자 짐 로저스는 2017년 한국에 방문했을 때 한국의 미래를 걱정하며 이런 이야기를 했다.

"한국 젊은이들의 가장 큰 꿈이 공무원이라는 이야기를 듣고 마음이 아팠습니다. 한 여학생은 매일 15시간 공부하지만, 시험에 합격할 확률이 100분의 1이라고 하더군요. 한국의 인구는 점점 줄어들 것이고 빚은 점점 늘어나는 데 모든 사람이 공무원이 되려고만 하니 안타깝습니다."

많은 젊은이들이 공무원이 되고 싶어 하는 것에 반대하거나 간섭할 생각은 없다. 다만 뚜렷한 목적 없이 많은 사람이 가는 길을 따라가려는 행태에는 분명 반대하고 싶다. 그런 사람들은 마치 비숫한 색상의 등산복을 입고 줄지어 둘레길을 따라 걷는 산책자처럼 보인다. 휴식이나 힐링을 위해 둘레길을 함께 산책하는 것은 정말 좋은 취미이다. 하지만 자신의 한 번뿐인 인생을 둘레길 산책하듯 하는 모습에는 안타까운 마음이 든다.

요즘 서점가에는 '둘레길을 천천히 도는 인생도 괜찮아', '괜히 열심히 살 뻔했네'라는 식의 이야기를 담은 책들이 인기를 얻고 있다. 그렇지만 나는 자신의 목적지를 분명히 하고 그 길을 향해 열심히 오르려는 사람들을 응원하고 싶다. 한 번뿐인 인생인데, 남들 뒤를 따라가며 살기보다는 한 번쯤 진정한 자신의 능력을 찾기 위해 노력하면서 살았으면 좋겠다.

걸림돌을 바라보는 사람과 목적지를 바라보는 사람

아내와 연애할 때 자전거를 배우는 아내를 향해 수없이 했던 말이 있다.

"멀리 봐! 장애물을 보지 말고 멀리 봐!"

지금도 가끔 아내와 그때 이야기를 하곤 한다. 아내는 장애물과 마주칠 때마다 신경이 쓰여서 그곳만 계속 쳐다보았다. 즉 그 장애물이 목표물이 되고 만 것이다. 그러면 어김없이 그 앞에서 넘어지거나 그곳을 향해 돌진하곤 했다. 장애물에서 시선을 옮겨 원래 가야 할 목표를 바라보고 달리면 그것을 피할 수 있는 데도 말이다. 누구나 자신의 지도 위에서 장애물이나 어려운 코스를 만난다. 그때 시선을 어디에 두는가에 따라 장애물에 돌진하거나, 그 장애물을 피해 무사히 목적지로 가는 것이 결정된다.

아주 오래전 군대에서 엉덩이 주사를 맞다가 너무 긴장하는 바람에 주삿바늘이 부러졌던 아픈 기억이 있다. 그날 이후 팔에 맞는 예방주사도 두려워하는 사람이 되어 버렸다. 하지만 분명한 목표(내가 예방주사를 맞지 않으면 아이들이 독감에 걸릴 수 있다)가 생기고 나서는 주사 맞는 것이 더 이상 두렵지 않다. 내 장애물은 목표에 비하면 아무것도 아니기 때문이다.

인생의 지도는 만들어도 좋고 안 만들어도 그만이다. 하지만 지도가 있는 사람과 없는 사람의 차이는 엄연히 다르다. 인생의 지도는 분명 우리를 더 넓은 세상으로 안내해줄 것이고, 작은 시련을 가볍게 넘길 수 있도록 도와줄 것이다.

목적과 목표

인생에서 항상 머릿속에 담고 있어야 할 것

목적과 목표

"넌 왜 사냐?"

사회 초년병 시절, 선배에게 이런 질문을 받았다. 정확하게 말하면 그것은 질문이 아니라 나를 질책하는 말이었다. 하지만 나는 그 말이 질문처럼 들렸다. 그래서 나에게 다시 물었다.

"나는 왜 살까?"

이 질문은 지금까지 나를 올바른 방향으로 이끌어준 커다란 화두가 되었다. 우리는 인생의 목적이나 목표에 대한 수없이 많은 이야기들을 들으며 살고 있다. 하지만 그 목표나 목적을 정의 내리기 애매해서 생각을 좀 하다가 포기하거나, 아니면 생각조차 하지 못하는 경우가 대부분일 것이다. 실제로 목적과 목표는 서로 연결되어 있어서 이 두 가지 용어의 차이를 쉽게 설명하기 어려울 수도 있다. 국어사전에서는 목적과 목표의 정의를 다음과 같이 설명하고 있다.

- 목적: 실현하려고 하는 일이나 나아가는 방향(추상적 의도)
- 목표: 어떤 목적을 이루려고 지향하는 실제적 대상으로 삼음
  (구체적 표시)

예를 들어보자. 어느 등산가의 목적은 백두산 정상에 오르는 것이다. 그래서 그는 다음과 같이 4번의 휴게 지점에 도착해서 어떤 행동을 할지 구체적인 목표를 세운다.

- 목적: 백두산 정상 오르기
- 목표: 1단계- A 휴게 지점에 도착, 수분 및 초콜릿 보충하기
       2단계- B 휴게 지점에 도착, 휴식 및 따뜻한 옷으로 온
       도 조절하기

3단계- C 휴게 지점에 도착, 내려오면서 숙박할 장소를
정하고, 큰 짐을 정리하기
4단계- D 휴게 지점에 도착, 산소 및 온도를 확인하고,
카메라, 무전기 등 전자제품 확인하기

목적과 목표는 모두 어디론가 향하는 개념이지만, 그 의미는 조
금 다르다. 목적에는 최종적으로 이루고 싶은 의미가 담겨 있고,
그 내용이 추상적이다. 반면에 목표는 이루고자 하는 수치나 상태
를 구체적으로 표현한다.

목적을 가진 사람과 목표를 가진 사람의 차이

20대 중반부터 중동의 건설 현장에서 일하신 인생 선배님 한
분이 있다. 그분이 일하던 1970년대 초반 중동에는 한국인 노동자
외에도 필리핀 등지에서 온 노동자들도 있었다고 한다. 처음에는
각 나라에서 온 노동자 모두가 같은 일을 배정받아서 일했고, 급여
도 비슷했다고 한다. 그런데 10년이 지나고 보니 한국인 노동자들
만 소그룹 그룹장에 올랐고, 다른 나라 노동자들은 똑같은 일을
그대로 하고 있었다고 한다. 20년이 지난 뒤 한국인 노동자들은

한국 건설 회사의 관리 감독자가 되었고, 30년이 지난 지금은 중동 건설 현장 대부분의 발주를 한국 건설 회사가 담당하고 있다. 반면에 1970년대에 같이 일했던 다른 나라의 노동자들은 당시와 크게 달라진 것 없이 여전히 1970년대 초반에 했던 같은 일을 반복하고 있다고 한다.

그렇다면 왜 한국인들은 성장했고, 다른 나라 사람들은 같은 위치에 머물러 있는 것일까? 선배는 이런 차이가 생긴 이유를 당시 일하던 사람들의 '목적'이 달랐기 때문이 아닐까 생각했다.

〈목적〉

• 다른 나라 노동자: 돈을 벌어 가족에게 송금하는 것
  (먹고살기 위한 목적)
• 한국 노동자: 돈을 벌 기회를 많이 만들어 사업을 확장하는
  것(사업을 키우기 위한 목적)

이렇게 각자의 목적이 달랐기에, 목표도 달라졌다.

〈목표〉

• 다른 나라 노동자: 자신의 안전과 안정적인 송금
• 한국 노동자: 새로운 기술을 습득해 이 일을 빨리 마치고 다

른 일에 도전하는 것

사람은 이렇게 갖고 있는 목적에 따라 세부적인 목표가 달라진다. 그 목적은 남이 강요할 수 없다. 스스로 그 목적을 발견할 수 있는 사람만이 주도적인 삶을 살 수 있다고 생각한다.

삶의 목적은 묘비에 쓰인다

미국의 철강왕 앤드루 카네기의 묘비에는 "여기, 자신보다 현명한 사람을 주위에 모으는 기술을 알던 한 인간이 잠들다"라고 새겨져 있다.

시인 버지니아 울프의 묘비에는 "너에 맞서 자신을 던지리라. 물러서지 않고 꿋꿋하게. 오, 죽음이여!"라는 말이 새겨져 있다.

당신이 만약 지금 죽음을 앞두고 있다면, 어떤 묘비명이 새겨지길 원하는가?

나도 결혼을 준비하면서 내 묘비에 남길 말에 대해 생각한 적이 있다. 그때 생각한 묘비명은 '가족의 행복을 최고로 생각한 사람, 그리고 그 행복을 주변에 나눠주려고 노력한 사람'이었다. 나는 지금도 변함없이 이 묘비명을 사용하길 바라고 있다. 나에게 이런 인생의 목적이 있었기에, 가정의 행복은 물론 회사에서도 행복을 나눠주기 위해 더 열심히 노력하고 있다. 이런 목적 없이 회사를 다녔다면, 그저 봉급이 오르기를 기대하며 월급날만 기다리는 지루한 회사 생활을 해가고 있을 것이다. 하지만 회사 안에서도 행복을 나눠주려는 목적을 갖고 있었기에, 매일 아침 동료들에게 먼저 큰 소리로 인사하고 안부를 묻는 것이 내 일과의 목표이자 습관이 되었다.

살아가면서 묘비명이 바뀔 수도 있다. 하지만 자신의 삶의 목적을 분명히 알고 있는 사람과 아무런 목적을 갖고 있지 않은 사람의 행동과 습관에는 분명히 큰 차이가 있을 것이다.

SMART한 목표 설정

목적을 생각했다면 그것에 어울리는 목표를 설정해야 한다. 사람들은 목표를 효과적으로 실행하기 위해 1981년에 조지 도란이 만든 목표 달성 방법인 SMART 기법을 많이 사용한다.

SMART 기법은 다음 5가지로 정의되어 있다. 각 단어들에 맞춰 목표를 정밀하게 설정하면 실행 가능한 목표를 세울 수 있다.

1. Specific(구체성)

목표는 구체적일수록 좋다. 목표를 달성하는 데 실패하는 가장 큰 이유는 눈에 보이지 않는 두루뭉술한 목표를 설정하기 때문이다. 아래의 6하 원칙에 따라 목표를 설정해보자.

- Who: 누구를 위해 세운 목표이고 누가 실행하는가?
- What: 무엇을 달성하고 싶은가?
- Where: 어디서 달성하는 것인가?
- When: 목표 달성에 필요한 시간은?
- Which: 목표 달성에 필요한 조건이나 제약은?
- Why: 목표 달성의 이유와 목적, 주어지는 보상은?

2. Measurable(측정 가능성)

목표가 얼마나 진행되고 있는지 측정하는 것은 자신의 현재 위치를 점검하여 최종 목적지까지 얼마나 남았는지 확인할 수 있어 목표를 달성하는 기쁨과 기대감을 높이는 동기 부여가 될 수 있다.

3. Achievable(달성 가능성)

실제로 달성할 수 있는 목표를 설정하라는 것은 당연한 말 같다. 하지만 많은 사람들이 달성하지 못할 목표를 설정해 놓고 실패하며 스스로를 자책한다. 따라서 초반에는 아주 쉽게 달성할 수 있는 작은 목표에서 시작해 점차 목표 달성의 능력치를 높여가는 방법이 좋다.

4. Relevant(관련성)

어떤 큰 목표가 있을 때에는 그 목표를 달성하는 데 수반되는 작은 목표들이 생기게 마련이다. 이 작은 목표들은 언제나 적절한 관련성을 가져야 한다. "내가 지금 하고 있는 일이 나의 목표를 달성하는 데 도움이 되는가?" 하고 물었을 때 전혀 관련이 없거나, 반대로 가고 있다면 즉시 포기해야 한다.

5. Time Bound(정확한 기한)

목표는 반드시 구체적인 달성 기한을 정해야 한다. 기한이 정해져 있지 않은 목표는 목표라고 부를 수 없다.

삶의 목적을 생각하며 세운 목표들을 하나씩 달성해 간다면 우리는 이미 정상에 오르기 위한 지도를 가슴에 품고, 그 지도에 따라 한 걸음 내딛고 있는 것이나 마찬가지다.

가장 멋진 근육은
꿈꾸는 근육

몽근력

인생의 목적과 꿈

목적과 목표 그리고 꿈을 비슷한 의미라고 생각하는 사람을 만난 적이 있다. 다름 아닌 25년 전의 나다. 하지만 지금 나에게 그 단어들은 명확하게 다른 의미를 품고 있다.

목적은 내 삶의 최종점이고, 목표는 그 목적을 위한 중간 단계이다. 꿈은 목적이나 목표에서 약간 벗어나긴 하지만 나름 의미 있는 지향점처럼 사용하고 있다. 꿈을 이렇게 정의 내리자 꿈은 내 인생의 가장 달콤한 활력소가 되었다.

지금 다니는 회사에 입사한 후 첫 출장으로 오슬로에서 가장 아름다운 거리인 '아케 브뤼케'에 간 적이 있다. 부유한 나라의 번화한 거리를 산책하며, 나는 즐거움과 신선함을 맛보았다. 당시 방문한 식당에서 나온 요리를 보고 일행 모두가 깜짝 놀랐다. 신선한 해산물이 탑을 이뤄 나오자 한국에서 방문한 고객들 모두 박수와 환호성을 질렀다. 그 화려하고 맛있는 요리를 먹으며 나는 한 가지 소박한 작은 꿈을 꾸었다.

　　'언젠가 이곳에서 아내와 함께 식사를 하면 참 좋겠다.'

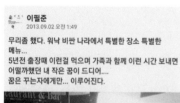

　　　　　　시간이 5년이나 흐른 어느 이른 저녁 시간. 나와 아내는 딸과 함께 바로 그 식당에 앉아 그때 먹었던 그 해산물 요리를 먹었다.

　　내 인생의 목적이나 목표와는 상관없는 일이었지만, 이곳에서 가족과 식사하는 것은 나의 작은 소망이자 꿈이었다. 이렇게 5년이 걸려 이룬 꿈도 있지만, 25년 만에 이룬 꿈도 있다.

군대 시절, 한창 책을 많이 읽을 때 막연하게 내 이름으로 된 책을 내고 싶다는 생각을 했다. 그 후로 25년 만에 나는 책을 출간할 수 있었다. 그때 꿈꿨던 사장이 되고 싶다는 막연한 꿈도 이뤘다.

시간이 한참 걸린 어려운 꿈도 있지만, 사소하고 행복한 꿈을 이룬 경험도 많다. 쌍둥이 아이들이 아장아장 걷기 시작하면서 주말에 아이들을 데리고 목욕탕에 가곤 했다. 그때 나는 언젠가 이 아이들이 고사리 같은 손으로 아빠 등을 밀어주면 어떨까 하는 꿈을 꾸었다. 아이들이 다섯 살 정도 되어 어느 정도 힘이 생겼을 때, 주말에 아이 둘이서 내 등을 밀어주는 시간을 경험하면서 정말 큰 행복을 느꼈다. 만약 그때 꿈을 꾸지 않았다면, 그런 행복을 느낄 수 있었을까?

꿈꾸는 근육, '몽근력'

꿈을 꾸는 사람은 그 꿈을 이룰 수 있는 힘이 생긴다. 꿈을 이루는 과정은 무척 즐거운 시간일 뿐만 아니라, '할 수 있다'는 자신감도 선물해준다. 작은 꿈을 하나씩 이뤄가다 보면, 좀 더 큰 꿈을 이룰 수 있는 능력이 생긴다. 그러면 점차 꿈이 커지고 가짓수도 늘어난다. 결국에는 큰 꿈도 이룰 수 있다는 것을 깨닫게 된다.

이렇게 꿈을 꾸고 이뤄내는 과정을 반복하며 점점 커지는 그 능력을 '몽근력夢筋力', 즉 꿈꾸는 근육이라 정의하고 싶다. 몽근력은 우리의 나이나 실제 근육과는 상관없이 오직 경험과 반복으로만 성장하고 길러진다. 최근 나는 노안이 오고 있음을 느낀다. 하지만 몽근력은 시간이 지날수록 더 단단해지고 있다.

얼마 전 쌍둥이 아이 둘이 내 등을 밀어줄 때 느꼈던 행복을 통해 나는 새로운 꿈 하나를 꾸었다. 빠른 시일 내에 쌍둥이 손자들이 할아버지 등을 밀어드리는 시간을 만들고 싶다는 꿈이다.

이렇게 내 꿈 수첩에는 다양한 꿈들이 있다. 산책을 하면서 생각한 꿈, 사람을 만나면서 배운 꿈, 맛있는 음식을 먹으며 떠오른 꿈들이 나를 행복하게 해준다.

행복을 꿈꾸기 위해서 필요한 건?

내가 꾸는 꿈 대부분은 행복과 관련이 있다. 물론 비용이 많이 드는 꿈도 있지만, 그 꿈을 이루기 위한 궁극적인 목적은 행복이다. 가족과 노르웨이에서 식사를 하고, 멋진 공원을 함께 산책하는 일은 무척 비용이 많이 들었던 꿈이었다. 하지만 그 비용만큼 우리 가족에게는 값진 추억이 쌓였고, 그만한 행복을 느낄 수 있었다.

아이들이 성장하면서 같이 해보고 싶은 잠자리 잡기나 야구 놀이 같은 것들은 모두 성공이나 물질적인 성취와는 거리가 있는, 행복을 위한 꿈이다. 어릴 적에는 매운 것을 전혀 먹지 못했던 큰딸과 함께 떡볶이를 먹고 서점에서 데이트하는 것과 아들과 함께 재래시장에서 장을 보는 일은 평범한 일상에서 얻을 수 있는 우리 가족만의 행복한 시간이다.

노르웨이 사람들은 "행복은 사소한 시간에 숨어 있다"고 말한다. 이런 작고 사소한 행복을 찾기 위해 여유롭게 꿈꾸는 시간을 조금씩 늘려보면 어떨까? '사랑하는 사람'과 함께 '꿈꾸는 시간'을 잠깐이라도 만들 수 있다면 우리는 언제든 행복을 누릴 수 있지 않을까?

성장의 네 가지 요소

성장의 높이, 깊이, 폭 그리고 테두리

성장, 결과를 만들어 가는 과정

우리는 올림픽을 비롯한 수많은 스포츠 경기를 보면서 감동하곤 한다. 한국시리즈를 보면서 자신이 응원하는 팀의 플레이에 열광하기도 하고, 밤잠을 포기하고 유럽에서 활동하는 우리나라 축구선수를 응원하기도 한다. 하지만 그런 경기 과정을 모두 생략하고 결과에만 열광하는 사람을 그 스포츠의 진정한 팬이라고 말하기는 어려울 것 같다.

나는 인생의 과정을 즐기는 사람일까, 아니면 과정은 포기하고 결과만 보는 사람일까. '성장Growth과 성공Success'은 많은 사람들이 바라는 것이다. 하지만 어떤 사람은 성공을 위해서 살고, 또 어떤 사람은 성장을 위해서 살고 있다.

사전적인 의미를 살펴보면 성공은 '목적이나 뜻을 이루는 것'이고, 성장은 '사람이나 사물의 규모나 세력 따위가 점점 커지는 것'을 말한다. 이렇게 보면 성공은 결과론적이고, 성장은 결과를 만들어 가는 과정에 초점을 맞추고 있다는 것을 알 수 있다. 우리는 성장에 관심이 있을까, 아니면 성공에 더 큰 관심을 두고 있을까?

우리나라에서 출판된 도서 가운데 성공과 관련한 도서는 약 11,220권가량이다. 반면에 성장을 다룬 도서는 6,007권 정도라고 한다. 이렇게 놓고 보면 많은 사람들은 성장이 아닌 성공에 더 큰 관심을 가진 것처럼 보인다.

오랜만에 동창 모임에 나가면 "아무개는 성공했다더라!"라는 식의 '성공' 이야기를 종종 듣곤 한다. 하지만 '성장' 이야기는 아무도 하지 않는다. 나는 직원의 성장에 더 많은 비중을 두고 있는 회사들을 알고 있다. 그런 회사들은 우연이 아닌 성장에 의한 성과에 아주 큰 보상을 주고 있다.

여러분은 성공과 성장 중 어디에 더 비중을 두고 있는가?

성장의 4가지 방향

내가 생각하는 성장에는 3가지 축과 1가지 테두리가 있다.

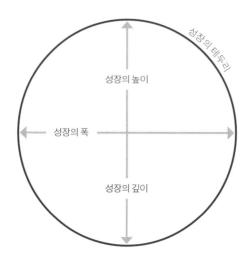

1) 성장의 높이

성장의 높이란 지금 하고 있는 업무나 취미 혹은 관심을 갖고 탐구하는 분야에서의 성장을 의미한다. 나는 고등학교 졸업 후 열심히 돈을 번 다음 평소 배우고 싶었던 무역학과에서 공부를 했고, 지금 다니는 회사의 지원을 받아 대학원에서 MBA 학위도 받았다. 그리고 현재 내가 맡고 있는 분야인 메탈실리콘과 페로실리콘, 실리카 퓸 소재에 관해서는 우리나라에서 가장 많은 지식을 갖고 있다고 자부한다. 최근에는 내화물의 첨가제에 대해서도 일본을 오가며 공부하고 있다. 그러다 보니 일본어와 영어도 어느덧 술술 할 수 있게 되었다. 게다가 글쓰기와 요리 등 관심 분야를 넓히며 성장의 높이를 더하는 중이다.

2) 성장의 깊이

성장의 깊이는 하고 있는 업무나 취미보다는 삶에 대한 자세 혹은 타인에 대한 행동을 개선하거나 배려하는 일, 업무를 하는 목적을 생각하는 것 같은 인격적인 성장을 말한다. 먼저 인사하기, 처음 만난 사람에게 따뜻하게 대하기, 봉사 활동하기 같은 일들이 성장의 깊이를 더하는 일이다.

3) 성장의 폭

성장의 폭이란 관심의 넓이라고 생각한다. 즉 다양한 취미 활동 혹은 세상의 흐름을 알기 위해 새롭게 공부하는 것을 의미한다. 금속을 판매하는 일을 하는 내가 최근 전혀 다른 분야인 블록체인에 대해 공부하거나, 음식 만드는 일에 푹 빠져 요리책 코너에서 한 시간씩 보내는 그런 경우에 해당한다. 최근에는 글 쓰는 일과 육아의 재미에 푹 빠져 있다. 앞으로 시간이 허락한다면 하와이안 댄스도 배워보고 싶다. 5년 계획으로 노르웨이어를 배우겠다고 결심한 것도 성장의 폭을 넓히려는 행동이라고 할 수 있다.

4) 성장의 테두리

마지막으로 성장의 테두리다. 모든 성장은 성장의 테두리 안에서 이루어진다. 성장을 하면 할수록 테두리가 두꺼워지고 강해지며, 부드러워지기도 한다. 성장의 테두리가 두꺼워지면 할 수 있다는 자신감이 커지면서 성취감으로 이어진다. 테두리가 넓고 두꺼운 사람은 그만큼 모든 일에 여유롭고 부드러운 태도로 일관할 수 있다. 즉 성장하는 사람들은 언제나 당당하고, 자신감이 넘치며 여유로운 태도라는 두꺼운 테두리를 가지고 있다.

무작정 성공을 꿈꾸기보다는 작은 성장을 염두에 두고 성장의 높이와 깊이, 폭을 어떻게 늘릴 수 있을지 고민해보면 어떨까? 어쩌면 성공보다 더 재미있는 삶이 기다리고 있을지도 모른다. 성장에는 사실 명확한 정의가 없다. 하지만 한 가지 확실한 것은 성장은 어제보다 나은 삶을 추구하려는 자세에서 비롯된다는 것이다.

하나라도 국가대표

실력에 근거한 자신감

전국에서 선글라스를 가장 많이 판 사람

어떤 분야에서든, 그것이 대단한 것은 아니라도 1등을 해봤다는 경험은 살아가면서 두고두고 큰 자산이 되어줄 것이다. 내 인생이 송두리째 바뀐 그날을 아직도 잊을 수 없다. 바로 '전국 1등'을 한 날이다.

1993년 여름, 선글라스가 막 유행하기 시작했다. 이전까지는 눈을 보호하거나 단순히 멋을 내기 위해 선글라스를 사용했다면, 이제는 선글라스를 헤어밴드처럼 사용하며 고급 브랜드를 과시하려는 사람들이 늘어나고 있었다. 이에 따라 유명 브랜드 로고가 선명하게 각인되어 있는 제품이 큰 인기를 끌었다.

내 첫 직장이었던 백화점 1층 선글라스 매장에서도 당시 30만 원을 호가하던 고급 선글라스가 가장 잘 팔리는 상품이었다. 내 친절한 권유가 잘 통했는지 얼마 후 나는 전국에서 가장 선글라스를 많이 판 신입 판매원의 자리에 올랐다. "전국 1등이라고!" 내 인생 처음으로 전국 1등을 한 날 사장님께서 주셨던 특별 보너스 30만 원은 학창 시절 상장을 거의 받지 못했던 나에게 큰 기쁨을 안겨주었다.

지금 와서 생각해보면, 내 능력으로 팔았다기보다는 당시 가장 인기 있는 브랜드를 취급했기 때문이 아닐까 짐작한다. 그렇더라도 나는 전국 1등이라는 자랑스러운 경험을 통해 인생 최초로 크나큰 '자신감'을 얻을 수 있었다.

전국 1등 선글라스 판매원이 되고 나니 신기하게도 어떤 일이든 잘해낼 수 있을 것 같은 자신감이 생겼다. 그 자신감은 고등학교 내내 작은 체격과 공부를 못한다는 이유로 위축되어 있던 나를 하루아침에 바꿔주었다.

지금 나는 내가 맡고 있는 분야만큼은 국내에서 가장 많이 알고 있는 사람이라고 생각한다. (물론 우리 회사에서 독점하고 있는 제품이 많기 때문이다.) 그리고 나처럼 백화점 점원으로 일하다가 외국계 회사의 지사장이 된 사람도 아마 거의 없을 것이다. 마찬가지로 일반 회사 영업사원이 가정 전략의 관점에서 육아서를 집필해 출간한 경우도 거의 없다. 게다가 일반 회사원 중에 요리에 대해 나만큼 잘 알고 있는 사람도 아직 만나보지 못했다. 나는 정말 즐거운 인생을 살고 있는 사람임에 분명하다.

그렇다고 나만 그런 독특한 인생을 살고 있다고는 생각하지 않는다. 주위를 잘 둘러보면 많은 사람들이 저마다의 독특함을 가지고 있다. 그 독특함을 아직 발견하지 못했거나, 상품화하지 않았거나, 개발하지 않아서 가능성으로만 존재할 뿐이다. 우리 모두가 독특함을 가지고 있다는 사실을 사는 동안 잊지 않았으면 좋겠다.

우리나라 최고의 계산원

요리하는 것을 좋아하는 나는 종종 동네 마트에서 팔지 않는 식재료를 사기 위해 백화점 식품 코너를 찾곤 한다. 워낙 요리에 관심이 많아서 그곳에 가면 조금 여유롭게 야채 코너나 생선 코너 등을 돌며 제철 음식이 뭐가 나왔나 둘러보고, 점원에게 유통 현황에 대한 질문도 하곤 한다. 최근 제품의 포장이나 신제품 판촉 상황도 관찰하며 나름의 마케팅 흐름에 대한 공부도 하고 있다. 하지만 내가 군이 백화점 식품 코너를 찾는 이유는 친절한 계산대 직원들 때문이다. 그곳에는 친절로 무장한 우리나라 최고의 계산원들이 2인 1조로 나를 기다리고 있다. 그분들은 우리나라에서 활동하는 수많은 '계산원' 직종 중에서도 국가대표급이 아닌가 생각한다. 얼굴 표정부터 여유가 넘치는 그분들은 온몸으로 친절 에너지를 내뿜고 있으며 사소한 것에 대한 서비스도 섬세하다. 매번 그분들에게 계산을 받고 나올 때마다 참 기분이 좋다.

반대로 집 앞의 마트는 전혀 다른 분위기다. 종종 모르는 지역의 마트에 갈 때도 있는데, 동네마다 분위기가 천차만별이다. 아마 그분들의 급여는 서비스의 질만큼 차이가 나지 않을까 생각한다. 아니 분명 달라야 한다고 생각한다.

입사 1년차 슈퍼 영업맨

자신감과 자존감은 일을 하는 데 있어 가장 유용한 자원이다. 물론 의욕이 지나쳐 자만심이 되면 곤란하지만, 적당한 자신감과 자존감은 분명 좋은 에너지를 불어넣어준다.

존 맥스웰은《사람은 무엇으로 성장하는가》라는 책에서 "어떤 사람이 10이라는 포부를 가지고 있다고 해도 자존감이 5만큼이라면 결과적으로 5 이상의 성과를 만들어 낼 수 없다"고 말했다. 사람은 결코 자신의 자아상을 넘어설 수 없다는 주장이다.

나는 사회에서 여러 일들을 경험하다가, 뒤늦게 대학을 졸업한 뒤 종합상사에 입사했다. 나이도 많은 데다 종합상사 경험도 없었기에 살짝 주눅이 들어 있었다. 그런데 나중에 보니, 비슷한 연배의 동료들 중 실제 영업을 해본 사람이 드물다는 것을 알게 되었다.

그 뒤로 나는 판매 가능성이 있는 고객들의 홈페이지와 전화번호를 정리해 고객에게 적합한 제품을 맞춰놓은 다음 전화로 약속을 잡고 방문하기 시작했다. 고객에게 직접 전화를 하고 철강 제품을 판매하러 다니는 독특한 영업을 하자 성과도 뒤따랐다.

어디에서 그런 자신감이 생겨서 그런 영업을 할 수 있었을까? 바로 15년 전 백화점에서 선글라스 전국 1등 판매원을 했던 그날의 경험에서 그 힘을 얻었다고 생각한다.

누구나 하나쯤은

누구나 하나쯤은 자신만의 주 종목이 있을 것이다. 업무와 관련된 것이면 더 좋고, 관련되지 않은 것이라도 좋다. 우리나라 최고가 아니어도 좋다. 회사 내에서 최고가 아니라면, 동네에서라도 최고면 된다. 최고로 잘하는 한 가지를 찾을 수 없다면 준수한 여러 능력을 합쳐서 자신감을 얻는 것도 좋다. 회사에서 가장 사진을 잘 찍는다거나 동영상 편집이나 프레젠테이션을 가장 잘한다거나 어떤 나라에 대해 가장 잘 안다거나, 어떤 것이든 좋다.

나와 같이 근무했던 한 선배는 고객 불만을 잘 해결하는 능력이 있었다. 무역법도 잘 알고 환율과 검품 방식, 서류 등에 박식해서 회사 내에서 인기가 많았다. 결국 그 선배는 자신의 장점을 살려 무역 보험 조사관으로 이직하는 데 성공했다. 지금은 전 세계를 누비며 무역 분쟁을 해결하는 일을 하고 있다.

직장 생활이나 일상에서 우리의 가능성을 알려주는 신호를 잘 찾아보자. 거기에서 발견한 능력으로 실력을 가꿔보자. 주특기가 없는 사람은 없다. 최근 가장 흥미롭게 읽은 베스트셀러 《어쩌다 히키코모리, 얼떨결에 10년》을 쓴 작가 김재주는 10년간 집 밖에 나가지 않은 우리나라 최고의 히키코모리였다. 10년간 방 안에서만 지내며 느꼈던 경험조차 국가대표급이 되면 베스트셀러 작가로 변신할 수 있다.

그러니 어떤 장르라도 상관없다. 내가 가장 잘할 수 있는 것이 무엇인지 찾아보자. 단 한 가지 주의할 점은 결코 자만해서는 안 된다는 것이다. 아무리 국가대표라도 겸손한 편이 더 좋다.

'돈 있는 남자'와
'지혜 있는 남자'

지식과 지혜

머리 좋은 남자가 최고라고?

10년 전, 결혼 후 전직한 노르웨이 회사 도쿄 지사의 환영식에 참석했을 때의 일이다. 이 회사에 입사한 첫 한국인 직원이었고, 신혼여행에서 돌아온 지 얼마 되지 않은 터라 호기심 많은 20~30대 여직원들이 내 주위에 모여 들었다. 한국 아이돌 가수에서 시작된 이야기는 한국 남자와 결혼에 대한 이야기로 이어졌다.

나는 일본에서는 어떤 남자가 결혼 상대로 인기 있는지 물었다. 놀랍게도 거기 있던 여직원 모두가 "머리 좋은 남자!"라고 대답했다. 나는 무심코 '좋은 대학을 나온 남자가 인기가 많구나'라고 생각했는데 이야기를 듣다 보니 실제 의미는 전혀 달랐다. 일본 여성들이 좋아하는 머리 좋은 남자는 '말을 쉽고 재미있게 하는 남자'였다. 그러고 보니 당시 일본 최고의 여배우와 젊은 개그맨의 결혼이 크게 화제가 되고 있었다. 이야기는 한국의 인기 신랑감으로 이어졌고, 내가 '신장, 학력, 수입'이 한국에서 인기 신랑감의 3가지 조건이라고 했더니 나더러 '촌스러운 아저씨' 같다며 그건 '쇼와시대(1960~70년대) 사고방식'이라고 했다.

그날 집으로 돌아오는 길에 '나도 아저씨가 되었구나'라고 생각하다가 문득 '여기서 머리 좋은 사람은 지식이 아닌 지혜가 있는 사람을 뜻하는구나!'라는 걸 깨달았다. '지혜 있는 사람'이라는 표현에는 정말 좋은 의미가 많이 담겨 있다는 것도 새롭게 느꼈다. 그러면서 내가 했던 말이 시대착오적일 수 있겠다는 반성도 했다.

그날 이후 나는 지식만 갖춘 사람이 아닌 지혜로운 생각과 판단을 겸비한 사람이 되려는 노력을 지속적으로 하고 있다.

지혜의 4가지 조건

그렇다면 지혜란 무엇일까? 어떻게 하면 지혜로워지는 걸까? 혹시 지혜는 타고 나는 것일까?

사전에는 지식과 지혜를 이렇게 정의하고 있다.

- 지식智識, knowledge, understanding : 알고 있는 내용이나 사물
- 지혜智慧, Wisdom : 사물의 이치를 빨리 깨닫고 사물을 정확하게 처리하는 정신적 능력

사전적인 정의에서도 알 수 있듯 지혜에는 지식이 필요하다. 하지만 지식이 많다고 지혜로운 것은 아니다.

이제까지 내가 경험을 통해 발견한 지식이 지혜로 발전하기 위한 조건은 다음 4가지이다.

1. 스스로 생각하기
2. 적절한 타이밍 만나기
3. 행동으로 실천하기
4. 선한 마음과 의사소통

1) 스스로 생각하기

지식을 아무리 많이 쌓아도 그것을 자기 것으로 만들지 못하면 별 소용이 없다. 단지 책을 많이 읽었다고 학식이 있다고 말하지는

않는다. 읽은 내용을 잘 활용하고 표현하기 위해서는 스스로 생각하고 더 배우려는 의지가 필요하다. 책을 읽다가 마음속에 느낀 바가 생겨 그것을 나름대로 해석하거나 감동하는 그 시간은 지식이 지혜로 나아가는 시간이다.

스스로 생각하는 능력이 있는 사람은 수많은 정보를 머릿속에서 잘 정리하여 중요한 것이 무엇인지 재빨리 파악한다. 그들은 쓸모없는 것은 버리고 핵심만 심플하게 정리하여 모든 일에 임한다. 수많은 상황과 복잡한 환경에 둘러싸여 있는 경영자에게 중요한 것은 핵심을 파악하고 필요한 것만 선택하고 그것에 집중하는 능력이다. 이런 능력은 스스로 생각하는 능력에서 나온다.

2) 적절한 타이밍 만나기

아무리 지식이 뛰어난 사람이라도 그것을 사용할 적절한 때를 놓치면 그 지식은 없는 것이나 마찬가지다. 중요한 협상에서 해결의 실마리가 보이지 않을 때 자신만의 경험이나 평소에 쌓은 지식을 활용할 수만 있다면 자신이 처한 환경을 바꿀 수 있는 좋은 기회가 될 것이다.

나는 수많은 현장 경험을 통해 제품 불량 문제를 고객이 문의해 올 때가 우리 회사의 강점을 가장 잘 표현할 수 있는 기회라고 믿고 있다. 실제로 제품의 불량이 발생하면 두 가지 이득이 있다. 그

중 하나는 문제점을 해결하면서 제품을 한 단계 더 개선할 수 있다는 점이다. 불량 내용을 잘 파악해 근본 원인이 무엇인지 찾아가는 개선 프로그램을 시행하면 회사가 발전하는 좋은 기회가 될 수 있다. 다른 하나의 이득은 고객에게 즉시 방문하여 문제가 해결될 때까지 매일 보고하는 적극적인 태도를 보여줌으로써 믿을 만한 회사라는 인정을 받을 수 있다는 점이다. 이처럼 고객의 문제 제기에 때를 놓치지 않고 회사의 노하우(지식)를 사용해 문제를 해결하고, 또 이로부터 새로운 지식을 쌓는다면 회사는 계속 발전(지혜)할 수 있다.

3) 행동으로 실천하기

스스로 생각하고 적절한 타이밍을 만나더라도 행동으로 이어지지 않으면 아무런 변화도 생기지 않는다. 그러면 결국 지혜의 궁극적인 목표인 '처리 능력'도 완성하지 못한다. 많은 사람이 지식을 쌓고, 그 지식을 바탕으로 자신의 생각을 키웠으면서도 '잘 안되면 어떡하지?'라는 생각 때문에 행동에 이르지 못하고 있다. 하지만 고단수들은 실패를 두려워하지 않고 일단 행동으로 옮겨 경험을 통해 관찰하고 배운다. 결국 실천하지 않는 지식은 결코 지혜가 되지 못한다는 것을 깨달아야 한다.

4) 선한 마음과 의사소통

지혜로운 사람은 자신의 마음을 잘 다스려야 한다. 그리고 주변 사람과 늘 함께해야 한다. 만약 열심히 얻은 지식으로 좋은 타이밍을 만나 행동으로 실천하며 사기를 치고 다니는 사람이 있다면, 사람들은 그를 지혜로운 사람이라고 말하지는 않을 것이다. 지혜는 선한 마음과 주변과의 진실한 의사소통에서 생겨난다. 선한 영향력을 주변에 미치는 것이 지혜로운 것이다. 지혜로운 사람은 자신의 지식으로 남을 힘들게 하지 않고, 남을 돕는다.

지혜로운 사람은 언제나 인기가 많다. 나는 연예인 유재석을 그 대표적인 예로 들고 싶다. 그는 경험을 통해 얻은 지식으로 자신의 생각을 키웠고, 이를 적절한 상황에서 선한 마음으로 남들에게 전파하고 있다. 유재석의 행동에는 늘 신념이 있고 일관성이 보이기 때문에 모두들 그를 좋아하는 것이다. 나도 그와 같은 지혜로운 어른이 되기 위해 오늘도 노력하고 있다.

"지식은 배움에서 나오고 지혜는 삶에서 나온다."

"Knowledge comes from learning. Wisdom comes from living."

– 앤서니 더글러스 윌리엄스Anthony Douglas Williams

인생 최고의 무기

겸손과 감사

45세 아저씨가 BTS의 팬이 된 이유

꽤 오래전 일이다. 주말 음악 프로그램에서 '방탄소년단BTS'이라는 아이돌 그룹의 퍼포먼스를 봤다. 아이돌이나 댄스 음악에 별 관심이 없어서 '아이돌치고는 이름이 특이하군' 하는 생각을 하며 지나쳤던 기억이 난다. (솔직히 그때는 팀 이름이 좀 유치하다고 느꼈다.)

한동안 그들을 잊고 지냈는데, 일본 거래처 직원이 식사하던 도중에 BTS 이야기를 꺼냈다. 불혹을 넘긴 그 직원은 BTS 덕분에 한국을 바라보는 시각이 바뀌었다는 말을 했다. 나는 그 말을 듣고 뜻밖이라고 생각했다.

'BTS 때문에 한국을 다시 보게 되었다고? 도대체 왜?'

그날 그 직원으로부터 귀가 따갑도록 BTS 칭찬을 들으면서 새삼 한국인이라는 사실이 자랑스러워지기까지 했다. 그는 BTS가 가진 수많은 장점이 있지만, 그중에서도 다른 아이돌들과는 차원이 다른 '겸손'과 '감사'의 마음을 느낄 수 있어 좋아한다고 했다. BTS가 그런 마음을 계속 가지고 있을 것을 알기에 평생 BTS 팬으로 응원할 것이라고 했다. 그날 이후 호기심이 생겨 BTS 영상을 자주 보다 보니 나도 어느새 그들을 응원하는 팬이 되고 말았다.

방탄소년단은 최고의 힙합 그룹이 되겠다는 목표로 전국에서 모인 일곱 소년들로 결성되었다. 규모가 작은 존재감 없는 소속사라서 겪는 보이지 않는 차별의 벽 앞에서도 좌절하지 않고 자신들이 품은 음악적 꿈을 위해 작은 무대에서도 최선을 다하며 노력한 끝에 지금은 세계 최고의 아이돌 그룹이 되었다.

하지만 그들의 진짜 비범함은 '세계 최고가 되어서도 결코 자만하지 않았다'는 점이다. 그들은 처음 그 모습 그대로 여전히 순수하고 겸손하며 모든 일에 감사하는 태도로 무대에 오르고 있다. 매번 무대에 나설 때마다 팬들에게 진심으로 감사해하며 겸손한 모습으로 노래한다. 그런 모습을 볼 때면 성인인 나도 그런 삶의 자세를 배우고 싶어진다. 우리 아이들도 저렇게 겸손하게 자라길 바라고 있다. 그들을 세계 최고로 만들어준 겸손과 감사는 그들을 계속 성장시키고 있다.

2018년 12월 현대경제연구원에서 내놓은 〈'방탄소년단'의 경제적 효과〉라는 보고서에 따르면 외국인 관광객의 7.6%인 79만 6,000명이 BTS의 영향으로 한국을 방문한다고 한다. BTS의 경제적 가치인 '생산 유발 효과'는 4조 1,400억에 달하며 이는 중견기업 평균 매출액의 26배이자 유명 대기업의 매출에 맞먹는 금액이다. 그들의 영향력은 지금도 계속 커지고 있다. 팬의 한 사람으로서 그들의 성장을 지켜볼 수 있는 것이 기쁘기만 하다.

성장을 가로막는 교만, 성장을 지속시키는 겸손

2019년에는 유난히 젊은 연예인과 재벌 2세들이 벌인 사건 사고가 많았다. 음주 운전과 마약 복용, 심지어 성 추문에 이르는 수많은 나쁜 소식들은 많은 사람들에게 불쾌감을 주었다. 그들은 탄탄대로를 빠른 속도로 달리다가 타이어 하나가 빠져 큰 충돌을 일으킨 자동차처럼 한순간의 잘못된 판단으로 모든 것을 잃고 주저앉았다. 아마 그들 주변 사람들은 언젠가 이런 일이 생길 거라는 사실을 이미 알고 있었을 것이다. 그들은 '교만'이라는 문제를 안고 있었기 때문이다.

사전에서는 교만을 '겸손함이 없이 잘난 체하여 방자하고 버릇 없음을 일컫는 말'이라고 정의하고 있다. 스스로 남보다 우월하다고 느끼며 자기자랑을 많이 하거나, 자신의 능력이 아닌 외부적 요인으로 성공한 것을 마치 자기가 한 것처럼 생각하는 이들을 가리켜 우리는 교만하다고 말한다. 그런 교만에 빠진 사람은 남의 말을 잘 듣지 않으며, 늘 자신의 생각만 옳다고 여기다 결국에는 큰 사고를 치고 만다.

교만에 빠진 사람은 성장하지 못한다. 남의 말을 듣지 않고, 노력도 하지 않기 때문이다. 특히 부동산 투기 등으로 쉽게 돈을 번 사람이나 하루아침에 인기를 얻어 스타가 된 사람 중에는 교만에 빠져 멋대로 행동하다가 큰 좌절을 맛보는 일이 흔하다.

겸손한 사람에게서 우리는 꾸준히 성장하는 모습을 볼 수 있다. 주변 환경의 변화로 어려워지더라도 겸손한 사람들은 다시 일어나 성장의 길을 묵묵히 걸어간다. 일 년간 자신의 분야에서 열심히 일한 대가로 연말 시상식에서 상을 받는 연예인들은 늘 감사하다는 말을 빼놓지 않는다. 감사한 사람들을 일일이 호명하면서 눈물을 흘리는 사람도 있다. 그런 모습에서 우리는 가식 없는 겸손한 모습과 진정으로 감사하는 사람을 발견한다.

감사라는 충전기로, 겸손이라는 배터리를 충전시키다

BTS의 '성공과 성장'에는 '겸손'이라는 큰 무기가 있었다. 세계 최고의 가수가 되고 나서도 매일 지독한 훈련을 거듭하는 노력을 계속할 수 있는 것은 그들이 여전히 겸손하기 때문이다. 그리고 그런 겸손은 팬들에 대한 '감사'로부터 비롯된 것이 아닐까 생각한다.

항상 감사하는 사람은 겸손하다. 겸손한 사람은 늘 감사하는 사람이다. 감사와 겸손은 이렇게 늘 같이 움직인다. 겸손과 감사가 몸에 배인 사람들 주위에는 비슷한 사람들이 모인다. 그런 사람들이 늘어날수록 겸손과 감사의 마음은 더욱 커지고 세상을 더 아름답게 만든다.

반대로 불평은 사람을 교만하게 만들고, 교만한 사람들은 불평으로 가득 차 있다. 불평과 교만 역시 같이 움직이며, 주위에는 똑같이 비슷한 사람들이 모인다.

최근 불거진 연예인들의 마약 사건과 일탈을 보면서 교만이라는 병의 무서운 전염성과 심각성에 다시 한 번 두려움을 느꼈다.

감사 일기와 달걀 프라이 2개

겸손에는 당당한 겸손과 비겁한 겸손이 있다고 생각한다. 비겁한 겸손은 감사가 없는 겸손이다. 감사하는 마음 없이 겉으로만 겸손한 척하는 것은 사람이나 환경이 두렵기 때문일 것이다. 반대로 당당한 겸손은 상대방이나 환경에 감사하는 겸손이다. 겸손이나 감사는 태어나면서부터 타고나는 자질은 분명 아니다. 오랜 기간 교육이나 노력을 통해 습관으로 만들어진 태도일 것이다.

큰딸이 다니는 학교에서는 매일 감사한 일 3가지를 일기장에 쓰는 숙제가 있다. 딸의 일기장을 몰래 꺼내 슬쩍 보니 딸은 정말 여러 일에 감사하고 있었다. 아빠가 웃겨서 감사하다는 것부터 아침밥을 먹을 수 있어 감사하다는 것까지 사소한 모든 일에 감사하다고 써 놓았다. 일주일에 한 번 이상은 가족 모두에게 감사한 일에 대해 적는 것 같다.

나는 아주 좋은 일이 생길 때면 카레라이스에 달걀 프라이 2개를 올려서 먹는다. 경제적으로 힘들던 시절, 좋은 일이 생겼을 때 감사하는 마음으로 먹던 나만의 최고급 요리이다. 지금도 아주 좋은 일이 생기면 카레라이스에 달걀 프라이 2개를 올려 먹으며 그때 그 감사의 마음을 지키기 위해 노력한다.

우리는 오늘 어떤 일에 감사했을까? 사람들 모두 비슷비슷한 삶을 살아간다. 외제차를 타든, 전세에 살든, 정규직이든, 비정규직이든 감사하고 겸손한 태도로 하루하루 살아가는 사람이 가장 행복한 사람이다.

오늘만큼은 호기롭게 달걀 프라이 2개를 먹으며 가족에게 감사하다는 인사를 하거나, 고생한 자신에게 감사한 일 서너 개를 적어보면 어떨까?

성인, 책임을 지는 사람

노력은 자유지만, 책임은 의무다

성인의 눈물

25년 전 어느 토요일 아침. 고등학교를 졸업하고 백화점 판매원 일을 시작한 나는 그날도 어김없이 지저분하고 꼬질꼬질한 검정 양복바지와 어머니께서 잘 다려주신 와이셔츠를 입고 삼성동에 있는 한 백화점에 출근하기 위해 2호선 지하철을 기다리고 있었다.

내 옆에는 한 무리의 대학생들이 여행을 가는지 큰 배낭과 기타를 메고 왁자지껄 떠들고 있었다. 그런데 그중 한 명이 나에게 아는 척을 하며 다가왔다. 그는 고등학교 시절 친하게 지내던 친구였다. 그런데 오랜만에 만난 친구가 반갑기보다는 창피하다는 생각부터 들었다. 그는 대학생이었고, 나는 백화점에서 물건을 파는 판매원이었기 때문이다. 달라진 서로의 처지 때문에 무척 창피함을 느꼈다. 친구 옆에 서 있는 예쁘게 화장을 한 여대생을 보니 이상하게도 더 움츠러들었다.

'화창한 토요일 아침에 왜 나는 친구처럼 놀러가지 못하고 백화점에 출근해야 하는 걸까?'

그날 밤, 나는 고등학교 시절에 공부를 하지 않았던 것을 처음으로 후회하며 눈물을 흘렸다. 그 눈물은 이제 다시는 철부지 고등학교 시절로 돌아갈 수 없다는 사실을 명확하게 깨닫게 해주었다. 현재의 내 모습은 부모님의 잘못도, 사회의 잘못도 아닌 모두 내가 감당해야 할 현실이라는 것도 깨달았다. 그렇게 나는 성인이 되는 기차에 올라탔다는 것을 실감하고 있었다. 그 눈물이 성인이 되고 난 후 흘리는 마지막 후회의 눈물이 되기를 간절히 바라며 지금까지 살아왔다.

만약 내가 스무 살에 흘렸던 그 눈물을 스스로 닦지 못하고 부모님께서 대신 닦아주셨다면 아마도 나는 더 늦게 성인이 되었을 것이다. 어쩌면 아직까지 성인이 되지 못했을지도 모른다. 그날 아들이 울고 있던 옆방에서 마음으로 같이 울어주신 부모님의 인내에 정말 감사드린다.

"노력하긴 싫은데 성공은 하고 싶어"

최근 서점가에는 피나는 노력을 통해 얻은 성공을 다룬 자기계발서보다는 '노력하지 않고 성공하기' 같은 자극적인 내용을 담은 책들이 많은 인기를 얻고 있다. 노력해봐야 소용없다는 생각이 얼마나 널리 퍼져 있으면 금수저, 흙수저라는 말이 유행하는 것일까? 최근에는 노력이라는 단어마저도 '노오력'이라고 희화화하는 사람들도 흔히 접할 수 있다. 어차피 노력을 하든 하지 않든 그것은 각자의 자유다. 하지만 성인이라면 당연히 노력하지 않은 책임을 짊어져야 한다.

만약 성인이 책임을 지지 않는다면 주변 사람이 힘들어진다. 자기 혼자 망하는 것은 상관없지만, 회사나 조직이 망하고, 가정이 망하고, 심지어 나라가 망하는 경우도 생긴다.

별다른 노력 없이 쉽게 성공한 사람들이 저지르는 각종 비리나 안 좋은 사건들을 뉴스에서 자주 접하곤 한다. 아마도 그들은 너무 쉽게 성공한 탓에 스스로 짊어져야 할 책임의 무게를 너무 간과했던 것은 아닌가 싶다.

키 작은 40대 아저씨가 아버지에게

나는 키가 작다. 우리나라는 예로부터 키 큰 남자를 무척 선호했다. 그래서 나는 늘 내 작은 키가 원망스러웠다. 그래도 우리 가족 중에서는 내가 제일 크다. 그렇다고 마흔이 넘은 지금까지 이런 유전자를 물려주신 아버지를 원망하고 있지는 않다.

'성인'이라면 마땅히 자기 모습과 행동에 책임을 질 줄 알아야 한다. 즉 자신의 현재 모습과 지금까지 내린 선택으로 얻은 결과에 책임을 질 줄 아는 사람이 곧 성인이라는 말이다. 반대로 여전히 자신의 모습에 만족하지 못하고 남 탓을 하거나 부모님 탓, 심지어 국가 탓이라 생각하는 사람들이 있다. 그런 이들은 아직 성인이 되지 못한 것이다.

가끔 주위에서 늘 자기 상황을 변명하거나, 주변을 탓하며 피해자처럼 살아가는 사람들을 보곤 한다. 그들은 자신의 행동과 현재의 삶에 책임지지 않는 사람들이다. 살면서 일이 조금이라도 안 풀리거나 불편한 일이 생기면 무조건 타인이나 환경 평계를 대면서 그 상황에서 도망치려고만 한다. 성적, 취업, 승진, 결혼은 물론 가정의 화목조차도 남 탓을 하며 환경의 노예처럼 항상 끌려다니는 삶을 산다.

"사십 이전의 얼굴은 부모님이 만들어준 것이지만, 사십 이후의 얼굴은 본인의 삶에서 나온다"는 말이 있다. 얼굴 표정에서 인생을 책임지며 사는 성인인지 아닌지가 드러난다는 말이다.

성인이라면 자신에게 생긴 일을 그저 받아들이는 것이 아니라, 긍정적으로 반응하고 제어해야 한다. 이것이 책임 있는 성인의 태도이다. 그러한 책임감이 우리를 성장으로 이끌 것이다.

2장

습관의 기본

"기본이 없으면 응용도 없다. 달인이란
기본을 탄탄히 갖춘 사람에게 주어지는 칭호다."

-스가노 타이조

인생을 바꾸는
가장 쉬운 방법

'미래'를 바꿀 수 있는 것은 '현재'뿐

습관이 얼굴을 만든다

나는 지하철 9호선을 타고 출근한다. 집 근처 역에는 급행이 서지 않아 가급적이면 일찍 집에서 나와 비교적 사람이 적은 일반열차를 타고 출근한다. 출근길 지하철에서 책을 한 권 꺼내 읽는 시간을 좋아한다. 노약자석 근처에 서서 책을 읽으며, 어른들 얼굴 표정을 살짝 훔쳐보는 재미도 느끼고 있다. 예전에 어떤 분에게 한국 노인들의 입꼬리는 대부분 내려가 있는데 유럽 노인들의 입꼬리는 올라가 있다는 이야기를 들은 적이 있다. 그 이후 어르신들의 입꼬리를 유심히 살피게 되었는데, 실제로 우리나라 어르신들의 입꼬리는 많이 내려가 있었다. 노약자석에 앉아 계신 분들의 표정도 화가 난 것처럼 보이는 경우가 많아서 마음이 조금 아팠다.

'얼마나 힘들게 살아 오셨기에 표정이 저러실까?'

지금 다섯 살인 쌍둥이 아이들의 입꼬리는 언제나 하늘을 찌를 듯 올라가 있다. 다행히 내 입꼬리도 아직은 올라가 있는 듯하다.

성인이 되어서 생긴 습관은 우리의 표정이나 걷는 자세, 음식 먹는 모습마저 바꿔버린다. 미래는 과거와 현재의 연장선상에 있는 결과물이다. 지금 어떻게 하느냐에 따라 결과물이 달라진다는 사실이 무섭기도 하고, 행동에 따른 결과의 예측이 가능하다는 것에 안심이 되기도 한다. 지나간 과거를 되돌릴 수는 없다. 우리는 단지 현재에서 미래로 흘러가는 '지금'이라는 시간에만 관여할 수 있다. 방향에 문제가 있다고 생각한다면 다른 시나리오를 만들어 행동해야 새로운 미래에 이를 수 있다.

시나리오를 바꾸려면 거울 앞으로

거울 앞에서 자신의 모습을 딱 5분간만 쳐다보자. 처음 하는 사람은 1분 쳐다보는 것도 무척 힘들 것이다. 하지만 꾹 참고 5분간만 자신을 쳐다보자. 일 년에 한 번이라도 좋다. 쳐다본 뒤에는 종이를 꺼내 무조건 적어보자. 인생의 시나리오를 적어도 좋고, 현재나의 위치를 적어도 좋고, 변화하고 싶은 내용을 적어도 좋다. 그러면 그것이 인생의 '시나리오'가 된다. 어떤 사람들은 '터닝 포인트'라고 부르기도 하고 어떤 사람들은 '리셋 버튼'이라고도 한다.

'이렇게 간단해?' 하고 되물을 수도 있지만 실제로 이렇게 시작하면 된다. 그렇게 새로운 인생의 시나리오를 얻었으면, 이제 이를 실행하기 위한 구체적인 계획을 아주 살짝만 적어보자. 계획을 작성하며 다음 다섯 가지 내용 중 자신이 가장 취약한 부분에 대해 더 생각해보면 좋겠다.

〈오래된 습관 바꾸기를 방해하는 다섯 가지〉
1. 자신감 결여, 포기의 연속
2. 움직이기 귀찮다, 만사가 귀찮다
3. 꿈이 없다
4. 너무 바쁘다
5. 완벽주의자

다음 단계는 하루 24시간 중 15분을 정해 본인이 작성한 시나리오에 도움이 될 만한 행동 한 가지를 3주간 지속해보는 것이다. 자신감이 부족한 사람이라면 3주간 15분을 투자하는 간단한 행동만으로도 자신감을 되찾을 수 있다. 만사가 귀찮은 사람은 15분이 아니라 5분도 괜찮다. 이조차 힘들다면? 당연히 답이 없다. 어떤 상황에서든 일단 움직여야 한다. 움직이면 길이 보이기 마련이니까. 너무 바쁜 사람이라면 15분 짬을 내는 기술이 필요할 것이다. 완벽주의자라면 페이스북의 마크 저커버그처럼 "Done is better than perfect(완벽한 것보다 끝내는 것)"를 목표로 삼아도 좋다.

15분 동안 우리는 무엇을 할 수 있을까? 건강 관리를 하고 싶은 사람은 1층에서 20층까지 계단으로 걸어 올라가면 된다. 지식을 쌓고 싶은 사람은 책을 읽거나, 글을 써도 좋다. 외국어를 배우고 싶은 사람은 인터넷 무료 강의를 들어도 좋다. 명상을 해도 좋고, 일기나 편지 혹은 떠오르는 생각을 무작정 글로 옮겨도 좋다.

단 SNS나 신문, 인터넷을 보는 것은 허용되지 않는다. 이 시간은 휴식이 아닌 자신의 오랜 습관을 바꾸기 위한 시간이기 때문이다. 작은 습관으로부터 얻은 승리는 결국 자신감이라는 멋진 훈장 하나를 당신에게 선사해줄 것이다. 습관을 만드는 노력에 성과가 있다면 시간을 5분 더 늘려도 좋고, 다른 목표를 하나 정해 새롭게 시작해도 좋다. 매일 아침 유산균을 꼭 섭취한다거나, 술자리를 일주일에 하루 정도로 줄이는 작은 목표를 추가해 그것마저 성공한다면, 당신의 인생 시나리오는 벌써 긍정적으로 변화하기 시작한 것이다. 그러고 나면 자신에게 멋진 선물을 하거나 충분히 자랑하는 시간을 가져도 좋다.

처음에는 반신반의하며 시작했던 15분의 명상과 산책 시간이 이제는 내 인생을 이끄는 아침 의식이 되었다. 이 시간에 나는 인생 시나리오Mind Map를 정기적으로 확인하는 일이나 매년 가족과 함께 목표를 세워 확인하는 작업Board Meeting 같은 새로운 습관을 만들어 가족의 훈장을 하나씩 늘리고 있다.

습관을 만드는 길: 수파리

나는 '수파리' 이론을 습관을 만드는 방법으로 사용하고 있다. 수파리는 원래는 불교 용어지만 검도에서 널리 쓰고 있다. 수파리에 담긴 의미는 다음과 같다.

- 수守 – '틀을 지킨다' – 스승의 형식에 따른다.
- 파破 – '틀을 깬다' – 더 좋다고 생각하는 형식을 만든다.

- 리離 – '틀을 떠난다' – 스승과 자신의 형식을 모두 이해하고 형식으로부터 자유로워진다.

'수'는 스승이나 주변 사람 혹은 존경하거나 좋아하는 사람의 습관을 조금씩 따라 해보는 것이다. 물론 내공이 다르고 경험한 횟수가 다르기에 자신이 충분히 이룰 수 있는 정도로 조정하는 것이 중요하다. 결국에는 내가 충분히 소화하여 습관의 경지에까지 이르는 것을 목표로 한다. 존경하는 선배가 매일 아침 빠른 걸음으로 40분가량 걸으면서 명상의 시간을 갖는다고 해서 이를 따라 한 것이 내 아침 산책의 시작이었다.

'파'는 배운 것을 나에게 더 잘 맞게 하거나 더 큰 목표가 필요한 행동으로 발전시키는 작업이다. 예를 들어 노트를 들고 산책하며 생각난 것을 종이에 쓰던 습관에서 구글 킵Google Keep 앱을 이용해 생각을 바로 녹음한 다음 그 기록된 내용을 바탕으로 아침에 30분간 글을 다듬는 것으로 발전시킨 것이 이에 해당한다.

'리'는 선배가 업무를 정리하며 즐기던 명상 시간을 내 나름대로 변형한 것이다. 나는 선배와 달리 아침 명상 시간을 책 출간을 위한 기획과 글을 쓰는 시간으로 사용하고 있다. 전날 자기 전에 메모하거나 생각한 것들을 아침에 다시 한 번 점검하고 자리에서 일어나 산책을 시작한다. 산책하면서 떠오르는 단상을 녹음하고, 그 녹음이 자동 변환되어 만들어진 문서를 아침에 일찍 출근해 30분 정도 다듬어 초벌 작업을 마치는 식으로 조금 변형시켰다.

좋은 습관은 우리에게 새로운 능력을 선물해주는 경우가 많다. 반면에 부정적인 습관은 종종 우리를 망치기도 한다. 인생을 더 나은 방향으로 이끌기 위해서는 좋은 습관을 갖도록 노력해야 한다.

Life System

효과적인 삶을 위한 시스템

1년 중에 가장 좋아하는 날은

당신이 1년 중 가장 좋아하는 날은 언제인가? 생일? 크리스마스? 아니면 여름휴가? 나는 12월 31일과 1월 31일을 가장 좋아한다. 우리집은 매년 12월 31일 이른 저녁시간에 가족 모임을 갖는다. 근사한 저녁을 준비한 후 음식을 먹기 전에, 그해에 가장 잘한 일과 가장 후회하는 일을 고백하는 시간을 갖는다. 그러고 난 뒤 다음 해의 목표를 각자 적고 서로 공유한다. 마지막으로 다음 해의 휴가 계획과 건의사항 등을 서로 상의해 정하고 프린트해서 멋진 액자에 넣어 가장 잘 보이는 곳에 걸어둔다. 그러면 우리 가족의 올해 일과는 마무리되고, 그것을 기념하며 근사한 식사를 하는 것이 우리집의 전통이 되었다.

이와는 별도로 개인적으로는 1월 한 달을 안식월로 정해 구체적인 1년 계획을 세우고 SNS 활동이나 외부 식사 약속을 모두 줄이고, 회사와 집만 오가며 조용히 생활한다. 그리고 이 시기에는 목표 체중을 맞추는 작업도 한다. 1월 마지막 날에는 휴가를 내고 병원에서 정기 검사를 받는다. 한 달간 다이어트 하느라 먹지 못했기 때문에 그날 저녁만큼은 꼭 먹고 싶었던 음식을 먹는다. 완성된 1년 계획을 살피며, 맛있는 음식을 먹는 그 시간을 나는 무척 사랑한다.

2019년 초에 나는 책을 2권 내기로 결심했었다. 지금은 그 목표를 이루기 위해 열심히 작업하고 있다. 안 해도 되는 일이지만, 이것을 완성했을 때 성장해 있을 내 모습을 떠올리며 오늘도 혼자 책상 앞에 앉아 열심히 썼다 지우기를 반복하고 있다.

사소한 습관을 성장시키는 시스템

내가 지금 다니는 회사는 지나칠 정도로 '사업 시스템'을 강조하는 곳이다. 이 회사는 효율적인 업무를 위해 시스템을 지속적으로 개선한다. 또 모든 사원들이 최적의 환경에서 일할 수 있도록 매뉴얼을 만들어 교육하고 돕는다.

나는 회사의 시스템 중 몇 가지를 응용해 독서를 하거나 신문을 볼 때 활용하곤 한다. 언제부터인지 생각은 나지 않지만, 독서를 하면서 좋은 부분이 나오면 아랫단을 접고, 읽은 부분을 표시할 때는 윗부분을 접고 있다. 그래서 내가 읽은 책 중에 감명 깊거나 중요한 부분이 많은 책은 아랫부분이 많이 접혀 있다. 마음에 드는 책이다 싶으면 2가지 색상의 포스트잇을 앞뒤로 몇 장씩 붙여 놓는다. 읽다가 아이들에게 꼭 소개하고 싶은 내용이나 글귀가 나오면 노란색 포스트잇에 아이들에게 전하는 편지를 써서 붙여 놓는다. (언젠가 아이들이 아빠의 책을 뒤적이다가 자신들에게 써놓은 글귀를 발견할 날을 기대한다.) 그리고 핑크색 포스트잇에는 내가 생활에 적용하고 싶은 내용이 있는 곳에 결심한 내용을 적어 붙여 놓고 있다. 책을 다 읽고 나면 나만의 독서 파일에 핑크색 포스트잇에 적혀 있는 내용을 어떻게 실행할지 계획을 적는다.

이런 방식으로 책을 읽으며 메모하는 습관을 들이면 최소한 그 책에서 한 가지는 배울 수 있고, 쉽게 내 것으로 만들 수 있다. 물론 더 효과적인 독서 방법이 있을 것이다. 그렇지만 적어도 지금의 나에게는 최선의 방법이다. 앞으로도 나만의 독서 시스템을 업그레이드하면서 더 발전시키고 싶다.

운전할 때 듣기 좋은 강의를 미리 세팅해 놓아도 좋다. 나는 출퇴근 시간에 듣고 싶은 강의나 외울 영어 단어를 미리 준비해둔다. 아침 산책 때나 잠자리에 들기 전의 습관 등은 모두 이런 시스템에 맞춰 돌아가고 있다.

이런 것들은 모두 시간이 많이 필요하거나 어려운 일이 아니다. 단지 몇 분을 더 투자하면 되고, 더 나은 행동을 습관화하기 위해 만든 나만의 시스템이다.

Life System은 결국 효과적인 삶이다

지금은 한치 앞을 내다보기 어려운 경쟁 과열의 시대다. 세계의 많은 기업들이 한 단계 더 성장하기 위해 많은 노력을 기울이며 변화하고 있다. 세계를 대표하는 구글, 아마존, 애플 같은 거대한 회사들은 자신들의 철학과 효과적인 시스템을 계속 발전시키며 성장하고 있다.

어떤 일을 하든 효과적인 시스템이 뒷받침되어야 성장할 수 있고 능률도 오른다. 각각의 시스템은 그 회사나 조직과 잘 맞아야 한다. 가끔 외국 회사가 한국에 진출해서 새로운 환경에 적응하지 못하고 실패하는 경우를 볼 수 있다. 반대로 한국 기업이 자신들의 조직 문화를 그대로 외국 지사에 적용해 부작용이 생기는 경우도 종종 볼 수 있다. 개인도 이와 마찬가지로 자신에게 맞는 그리고 변화하는 환경을 반영한 철학과 효과적인 시스템을 찾아 계속 발전시키지 않으면 지속적인 성장이 어려워진다.

일정의 시스템화(연말, 분기말, 월말마다 자신의 발전을 위해 하는 일들)와 일상의 시스템화(독서, 업무, 휴식 효율을 위한 행동)를 얼마나 잘하고 있느냐에 따라 그 사람이 성장하는 폭과 속도는 달라질 것이다. 이처럼 시스템화된 삶은 아마존 밀림에서 모험하는 듯한 흥미진진한 재미를 주지는 않을 것이다. 그렇지만 방향 설정을 똑바로 하고 꾸준히 노력한다면 한 차원 더 높은 곳으로 도약하게 해줄 것이다.

먼저 해야 할 일을 아는 사람

우선순위의 중요성

업무의 센스가 뭘까?

꽤 오래전, 대리에서 과장으로 진급을 앞두고 있던 겨울이었다. 평소 존경하던 선배 과장님이 허름한 식당에 앉아 그동안 자신이 경험한 과장이라는 직함의 무게와 특수성을 나에게 설명해주었다. 그날, 사원이나 대리는 시키는 일만 잘하면 되는데 과장부터는 업무의 센스가 필요하다는 말을 반복해서 들었다.

당시 나는 업무의 센스가 무엇일까 한참을 고민했었다. 업무의 센스가 구체적으로 무엇을 뜻하는지 그 자리에서 질문하지는 못했지만, 이제는 그 선배가 말하려고 했던 것이 무엇인지 알 것 같다.

그 선배가 말한 대로, 나중에 과장이 되고 부서에 부하 직원이 하나둘 생기면서 새로운 고민과 걱정거리가 늘어가기 시작했다. 업무 분량이 늘었다고는 말할 수 없지만 신경 써야 할 일과 챙겨야 할 일이 점점 쌓이면서, 그 선배가 말한 업무의 센스가 바로 '우선순위 설정'이 아닐까 하는 생각을 하게 되었다.

그러면서 자연스럽게 예전에 읽었던《성공하는 사람들의 7가지 습관》에 나오는 우선순위를 다시 떠올리며, 매일 아침마다 우선순위를 적어놓고 업무를 시작하고 있다.

유언장을 써 보면

나름대로 업무 우선순위를 이해하고 틀을 잡아갈 즈음, 나는 회사의 리더십 훈련에 참가하게 되었다. 노르웨이 본사에서 진행한 리더십 훈련은 마침 리더의 역할과 책임에 대하여 생각하고 있던 나에게 꽤나 유익한 프로그램이었다. 주요 일정을 마무리하고 프로그램의 마지막은 유언장 쓰기 시간이었다. 유언장? 생각지도 못했던 주제에 나는 살짝 긴장이 되었다. 우리는 모두 잔잔한 음악을 들으며 명상을 한 다음 유언장을 쓰기 시작했다.

나는 유언장의 첫 장을 아내에게 남기는 글로 시작했다. 아내에게 그동안 미안했던 것과 고마웠던 일, 아이들을 잘 보살펴 달라는 당부를 빼곡하게 한 페이지에 썼고, 그 다음에는 세 명의 아이에게 각각 아빠가 해주고 싶었던 이야기를 썼다. 그리고 거의 마지막에야 부모님과 친구, 회사 동료들에게 감사의 글을 남겼다.

유언장 쓰기를 마치고 난 뒤 훈련 전체를 이끌었던 노르웨이의 심리학 교수는 유언장의 글 순서가 우리 삶의 우선순위와 같다는 이야기를 들려주었다. 그러면서 그 사람들에게 미안한 것이 있으면 바로 사과하고, 당부하고 싶은 것이 있으면 직접 가르쳐주고, 고마운 점이 있으면 부끄러워 말고 말하라고 했다. 그 시간을 경험하며 명확한 내 인생의 우선순위와 처음으로 마주할 수 있었다.

다행히도 유언장을 쓰면서 남을 미워하는 말을 남기거나, 복수를 부탁하지는 않았다. 남을 비난하거나 섭섭했다는 말도 하지 않았다. 이 교수는 "이런 감정들이 나에게 없는 것은 아니지만 내 인생의 우선순위와는 까마득히 먼 감정들이니 잊어도 된다는 뜻"이라고 했다.

새치기 하는 사람, 불법을 저지르는 정치가나 경제인, 나를 힘들게 하는 회사 상사 등에게 드는 감정은 내 인생의 우선순위에 감히 범접조차 못할 정도로 미미하다는 말이었다. 우리는 때로 이런 사람들 때문에 아파하고 고민하고 화도 낸다. 과연 그럴 필요가 있을까? 우선순위에 있는 사람만 챙기기에도 짧은 인생인데 말이다.

다음으로 우리는 아주 좋은 조건을 제시받아 다른 회사로 이직한다고 가정하고, 지금 회사와 동료들에게 할 마지막 스피치를 준비하며 연설문을 작성하는 시간을 가졌다. 이 시간을 통해 내가지금 회사에서 해야 할 중요한 일과 불필요했던 일을 차분히 분리할 수 있었다. 회사에 건의하고 싶었으나 눈치 보며 머뭇거렸던 일과, 나 같은 외국인 직원들과 유대의 시간을 자주 갖지 못했던 것에 대해 후회했고 미안하다는 인사를 제때 하지 못했다는 사실도 떠올랐다.

이렇게 우리는 삶에서건, 직장에서건 마지막 인사를 한다고 가정하면 우리가 중요시하는 우선순위를 발견할 수 있는 기회를 가질 수 있다.

우선순위가 뒤죽박죽이 되면

인생의 우선순위가 잘 정리되어 있으면 그 사람의 삶은 올바른방향으로 나아갈 수 있다. 하지만 많은 사람들은 자신의 우선순위를 모르거나 그런 것을 생각할 여유조차 없이 바쁘게 끌려다니듯 살고 있다. 우선순위를 잘 안다고 하는 사람 중에도 그 우선순위에 따라 행동하지 못하는 사람이 더 많은 것 같다.

자신이 현재 목표로 삼은 우선순위에 따라 사는지 확인하는 방법은 의외로 간단하다. 자신에게 주어진 시간과 돈을 어떻게 사용하고 있는지 확인해보면 잘 알 수 있다. 가족이 최고의 우선순위라고 말하면서 주말마다 지인들과 골프나 등산을 하거나, 영어 공부를 하겠다는 목표를 올해의 우선순위로 정해 놓고 영어 책값보다 술값을 더 쓰고 있다면 실제로는 우선순위와 상관없는 삶을 살고 있는 것이다.

가장 큰 문제는 이렇게 우선순위가 뒤죽박죽되기 시작하면 그것이 습관화되어, 결국에는 패배의식과 후회가 늘어날 수 있다는 점이다. 차라리 우선순위 없이 폭주하는 기관차처럼 사는 것이 어쩌면 더 후회 없는 삶이 될 수도 있다. 하지만 삶의 우선순위가 없다는 것은 내비게이션이나 지도 없이 무작정 차를 끌고 도로에 나가는 것에 가깝다. 그러므로 목적지나 목표 없이 달리는 자동차처럼 무의미한 삶을 살고 싶지 않다면 자기 삶의 우선순위를 따져보고 그 우선순위에 따라 시간과 돈을 배치하고 있는지부터 살펴보아야 한다.

시작이 반이라고?

막 시작하지 말자

동네 팀과 프로 팀의 차이

동네 축구팀과 프로 축구팀은 경기 준비에서부터 큰 차이가 난다. 동네 축구팀은 상대 팀의 비디오를 분석하고 상대 선수의 약점을 파악하는 작업을 하는 경우가 거의 없다. 하지만 프로 축구팀에는 상대 팀 전력과 선수들의 장단점을 전문적으로 파악하는 분석 팀이 따로 있다.

우리는 과연 프로 팀처럼 제대로 싸울 준비를 하면서 살고 있는 것일까. 아니면 내일 갑자기 시합한다는 문자를 받고 경기에 나서는 동네 축구팀처럼 살고 있는 것일까?

나는 영업사원이다. 고등학교 졸업 후 지금까지 25년간 꾸준히 영업을 하고 있다. 물론 중간에 식당에서 그릇도 닦고 신문 배달도 했지만, 기본적인 직업 마인드는 '영업'에 있다고 생각한다. 처음에는 맨땅에 헤딩하는 것처럼 고객에게 무조건 다가가서 물건에 대해 설명하면서 파는 것이 영업의 기본이라고 생각했고, 그런 영업에 대한 자부심도 있었다.

하지만 영업을 해서 팔아야 하는 제품의 금액이 점점 커지고, 단지 재화를 판매하는 것을 넘어 협업 활동까지 담당하게 되면서 영업은 준비를 잘해야 하는 일이라는 것을 새삼 느끼고 있다.

처음 백화점에서 했던 영업이 강가에 그물을 던져 작은 고기를 잡는 것과 비슷했다면, 지금 하고 있는 영업은 잡으려는 물고기에 맞는 낚싯대를 고르는 일부터 시작해 적당한 미끼를 찾고 그 물고기가 사는 외국에 나가 현지인의 도움을 받거나 전문서적을 읽고 공부하는 등의 수많은 준비가 필요하다.

로마 군대가 강한 이유

"로마 군대는 무기가 아닌 삽과 곡괭이로 승리한다"라는 말이 있다. 이런 말이 있을 정도로 로마 군대는 완벽한 준비를 통해 많은 전투에서 승리했다. 이는 전투에 임박해서가 아니라 전투가 벌어지기 훨씬 전부터 미리 치밀한 작전을 구상하고 참호와 방어선을 구축했기 때문에 가능한 결과였다.

수만 혹은 수십만 명이 이동해야 하는 전쟁터에서 로마 군대가 위생적인 화장실을 마련하고 버려지는 음식을 잘 처리한 것이 승리 원인 중 하나라는 말도 있다. 로마 군대는 야전 진지를 하천 근처에 만들었다. 먹고 씻을 물이 필요하기도 했지만 그보다 오물을 손쉽게 처리하기 위해 하천 근처에 진지를 구축한 것이다. 로마 군대는 하천 상류의 물은 식용으로, 하류의 물은 오물을 버리는 목적으로 사용했기 때문에 당시 유행했던 전염병으로부터 군대를 지킬 수 있었다.

이렇게 꼼꼼하게 준비하고 전쟁에 나선 로마 군대에 무작정 돌진으로 일관한 적들은 쉽게 패하고 말았다. 로마 군대가 미로처럼 파놓은 참호 속에서 우왕좌왕하다가 갈 길을 잃고 포로가 되거나 목숨을 잃는 적국의 병사가 많았다고 한다.

시작이 반이다

'시작이 반이다'라는 속담이 있다. 많은 사람들이 이 말을 떠올리며, 새로운 일을 시작하거나 시도한다. 그리고 '벌써 반이나 했구나'라는 자신감을 얻는다. 영어에도 비슷한 표현이 있는데, 아리스토텔레스가 남겼다는 'Well begun is half done'이다. 직역하면 '좋은 시작이 절반을 끝낸 것이다' 정도가 될 것이다. 시작의 중요성을 말했다는 점에서 두 격언은 비슷하다고 할 수도 있겠지만, 나는 well에 주목하고 싶다. 그냥 시작하는 것이 아니라 '잘' 시작하는 것이 목표 달성을 위해 중요한 포인트라고 생각한다.

일본의 유명 야구 선수인 이치로는 준비에 대해 다음 두 가지 말을 남겼다.

1. 단단히 준비하지 않으면, 목표를 말할 자격도 없다.

    (しっかりと準備もしていないのに、目標を語る資格はない。)

2. 준비는 변명을 제거하는 일이다.

    (準備とは、言い訳を排除すること。)

어느덧 40대 중반이 되고 보니 준비와 계획이 얼마나 중요한지 새삼 깨닫고 있다. 이제 나 혼자만의 인생이 아니라 가족과 함께하는 인생이기 때문에 '못 먹어도 고'라는 식으로 행동하지 않으려고 애쓰고 있다. 마음 내키는 대로 하다가 잘못하면 자동차로 바위를 향해 돌진하는 꼴이 될 수도 있기 때문이다.

공부든, 일이든 혹은 취미든 새로운 것을 시작하려 한다면 자신의 목표와 현재 상황 등을 잘 고려해야 한다. 주변에서 다들 하고 있다고 무작정 따라 하거나 의욕을 앞세워 일을 벌이는 것은 많은 위험이 따를 수밖에 없다.

더 이상 맨땅에 헤딩해서는 안 된다. 무작정 강에 나가 그물을 던질 것이 아니라, 그날의 날씨, 강에 살고 있는 물고기의 종류, 물고기의 습성 등을 파악하고 거기에 맞는 준비를 한 후 강에 나가야 한다. (물론 젊고 아직 용기가 있다면 무작정 강에 나가 그물을 던지는 것도 좋은 자세다.)

어떤 나라든 전쟁을 할 때는 수많은 전략과 시뮬레이션을 통해 승산을 따져보고 시작한다. 무조건 상대편에 미사일을 날리고 시작이 반이라고 말하는 전쟁은 없다. 사업도 마찬가지다. 새로운 사업에 진출하기 위해서는 특별 업무팀이 수없이 회의하고 수많은 계산과 가정을 세운 다음에 시작한다.

이렇게 시작하기 전에 미리 계산하고 구상하는 작업이 바로

'Well'이 아닐까 생각한다. 그러므로 어떤 일을 시작하기 전에는 준비가 잘 되었는지 따져보고 나서자.

행복의 습관

행복 세팅하기

행복을 만드는 방법

우리가 인생에서 궁극적으로 이루려는 것은 바로 행복일 것이다. 많은 사람들이 행복을 추구하고, 행복해지길 바라며 살고 있다.

지난 여름에 페이스북에 조금 특이한 질문을 올렸다. "'여름이 왔구나!'를 느끼며 주말 오후 집에서 드시고 싶은 음식은 뭘까요?"라는 질문이었는데, 댓글이 무려 54개나 달렸다. 맛있는 음식을 좋아하는 나는 그 댓글들이 무척 고마웠다. 사람들이 올려준 댓글 덕분에 잊어버리고 있던 여름 음식 여럿을 떠올릴 수 있었기 때문이다. 특히 물회와 보리굴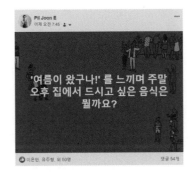
비는 보자마자 무릎을 쳤을
정도였다. 현충일 오후에 가
족들과 함께 먹을 여름맞이
음식을 고르느라 아내와 한
참 고민했다. 결국 메뉴는 아
빠표 '콩국수'로 결정되었다.

콩국수가 재료가 비싸거나 만들기 어려운 음식은 아니지만, 나
는 우리집 식탁에 여름을 알리는 음식을 준비하는 동안 무척 큰
행복을 느꼈다. 신선한 가을 버섯과 이른 겨울의 신선한 굴과 과메
기도 분명 나를 행복하게 해줄거라 기대하고 있다. 아빠가 만들어
준 계절 요리를 먹는 가족들의 밝은 표정은 그 행복을 더욱 크게
느끼게 해주지 않을까?

행복의 4가지 요소

행복해지기 위해서는 무엇이 필요할까? 나는 '누구와, 나에게,
무엇을, 어떻게'라는 조건만 잘 갖춰 놓으면 조금 더 행복에 가까
워질 거라 생각한다. 물론 사람마다 행복의 기준은 다를 수 있다.

하지만 기본적으로 '누구와, 나에게, 무엇을, 어떻게'라는 4가지 요소를 잘 이해하고 실천한다면 조금 더 쉽게 남의 손에 이끌린 행복이 아닌, 주도적인 행복을 경험할 수 있을 것이라 생각한다.

1) 누구와

나는 누구와 있을 때 행복한가? 반대로 누구와 있을 때 불편한가? 아마도 이 질문의 답은 모두 잘 알고 있을 것이다. 물론 나는 아내와 아이들과 있을 때가 가장 행복하다. 그리고 부모님과 장모님, 장인어른과 있을 때도 무척 행복하다. 친한 친구들과 있을 때도 행복하다. 하지만 어떤 경우에는 친한 친구와 함께하기 위해 가족과의 시간을 포기해야 하는 경우도 생긴다. 그래서 나는 가능하면 친한 친구들을 집으로 초대하는 것을 즐긴다.

주말에도 가족과 함께 있는 것을 최고 우선으로 하기에, 골프나 등산 모임에는 나가지 않는다. 특별한 일이 아니면 결혼식조차 잘 가지 않는다. 주말에는 가족과 함께 있는 것이 가장 우선순위이기 때문이다.

벌써부터 나는 아이들이 자라서 각자 시간을 보낸다고 할까 봐 두렵다. 그 시간의 적막함을 예상하고 있기에, 아내에게 잘 보여서 아내와 둘이 할 수 있는 무언가를 찾으려 노력도 하고 있다. 그때가 되면 아내와 함께 내가 좋아하는 골목 산책을 하며 맛집을 찾아다니거나 글 쓰는 일을 본격적으로 시작하고 싶다.

참고로 나는 같이 있기 힘든 사람은 만나지 않는다. 항상 부정적인 말을 하는 사람, 목소리가 크고 자기주장만 하는 사람, 비방하는 사람은 만나지 않는다. 아무리 나에게 이득이 된다고 해도 내 행복에 큰 상처를 주기 때문이다.

2) 나에게

나는 나에게 무엇을 해줄 수 있을까? 나는 아주 가끔 사치를 한다. 사실 나는 구두쇠에 가까운 사람이다. 대부분의 옷은 저렴한 곳에서 사고, 나 혼자 있을 때 커피숍에 가는 일은 거의 없다. 가끔 가족과 외식을 할 때는 충분한 돈을 사용하지만 그 외에는 거의 돈을 쓰지 않는 편이다.

얼마 전에 거금(?)을 주고 면도 크림을 처음 사 보았다. 항상 머리를 감고 남은 샴푸 거품으로 면도를 했었는데, 최근 들어 매끄럽지 않다는 기분이 들었다. 이전에 호텔에서 사용한 적이 있는 청량감 있는 면도 거품 생각이 자꾸 났다. 그래서 인터넷 쇼핑몰에서 3개들이 면도 거품을 주문했고 아침마다 잘 사용하고 있다. 아침 운동을 한 후 거금 18,000원을 주고 구입한 면도 크림을 하나 뜯어서 당당하게 샤워실에 들어가는 느낌은 아는 사람만 알 것이다.

요즘 나는 군살 없는 몸을 나에게 선물해주기 위해 노력하고 있다. 그렇게 되는 게 쉬운 일이 아닐 것이다. 그래도 나는 벌써 몸무게가 10kg 정도 줄어들었을 때의 행복이 느껴진다. 그 기분 좋은 느낌을 미리 음미하다 보면 어느새 용기가 샘솟는다.

3) 무엇을

'뭐할 때 가장 행복하세요?'라는 질문에 선뜻 대답하는 사람은 정말 행복을 잘 가꾸며 사는 사람일 것이다. 생각해보자. 당신은 어떤 일을 할 때 가장 행복한가? 나는 가족과 함께 맛있는 음식을 먹을 때와 주말 오후에 친구들이 집에 놀러 와서 함께 식사하고 보드게임을 할 때가 정말 행복하다. 가족 다섯 명이 모두 한 이불에 누워 아무 이야기나 해도 막 웃음이 흘러나오는 그 시간도 정말 행복하다. 최근에는 아이들과 귓속말로 단어를 전달하는 게임을 자주 하는데, 그 시간이 그렇게 행복할 줄 몰랐다. 딸과 30분 정도 영어로 대화하는 시간도 행복하다. 5년 전에 시작한 아빠표 영어 덕분에 이제는 딸과 영어 대화도 할 수 있다. 물론 둘 다 유창한 영어는 아니지만, 서로에게 자신감을 느끼게 하는 소중한 시간이다. 아이들과 재래시장에 가거나, 토요일 오전 쌍둥이 아이들과 함께하는 시간, 토요일 오후 딸과 하는 서점 데이트 모두가 나에게는 정말 행복한 시간이다.

나는 이렇게 토요일 오전과 오후, 밤 시간까지 미리 행복한 시간을 예약해 놓는다. 그 어떤 중요한 일도 이 시간을 방해할 수 없다. 심지어 지인의 결혼식도 이 시간을 방해하지 못한다. 갑작스런 친구의 등산 제안이나, 거래처 골프 모임은 이 시간에 절대 끼어들 수 없다. 누구나 행복해지는 시간은 스스로 확보해야 한다.

'행복학' 분야의 국내 최고 권위자인 서울대학교 최인철 교수의 연구 중에 '크리스마스에 이성 친구와의 콘서트 관람 포기를 돈으로 바꾼다면?'이라는 질문이 있었다. 행복지수가 높은 집단은 약 600만 원을 이야기했고, 행복지수가 낮은 집단은 약 40만 원이라고 답했다. 새로 개봉한 영화를 아이와 보기로 했는데, 얼마 정도면 그 영화를 포기할 수 있을까에 대한 조사도 있었다. 행복지수가 낮은 집단은 11만 원이면 포기하겠다고 했고, 행복지수가 높은 집단은 19만 원을 주면 포기할 수 있다고 답했다.

나는 얼마 전 썼던《오늘은 여기까지만 하겠습니다. 아이와 만화 보는 날이라서요》라는 책에서 노르웨이의 한 임원이 매주 아이와 만화를 보기 위해 몇백 억의 계약을 날려버리는 모습을 소개했다. 사실 나는 그렇게까지 할 용기는 없다. 그래도 아이들과의 주말 데이트를 위해서는 웬만한 약속이나 제안은 포기할 수 있다.

4) 어떻게

어떻게 행복해질까? 이 질문에는 정답이 있다. 바로 '똑바로, 명확하게'이다. 행복을 명확하게 알고 똑바로 실천하면 된다. 세계에서 가장 행복한 나라로 꼽히는 노르웨이에 가 보면 우리나라보다 명품 백을 볼 기회가 적다. 우리나라에서는 흔한 독일의 명품 차도 잘 보이지 않는다. 하지만 노르웨이에는 전기차가 정말 많다. 진짜 행복한 것이 무엇인지에 대한 근본적인 질문을 던지고 그 대답을 찾아 실천하는 사람들이 노르웨이 사람들이 아닐까 생각한다.

며칠 전 페이스북 친구들에게 불행하거나 근심 걱정이 많을 때 무엇을 하는지에 대해 질문한 적이 있다. 많은 친구들이 명쾌하게 답해주었다. 그들이 나에게 준 답은 "지금 힘들다고 생각한다면 당장 그것을 해소하기 위한 행동을 하면 된다"였다. 행복해지고 싶다면 행복해지기 위한 행동을 곧바로 시작하면 된다. 한 가지 중요한 팁은 그 행동을 명확하게 잘 알고 실천하기 위해 노력하는 것이다.

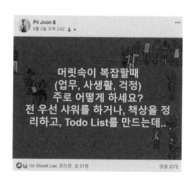

이렇게 행복의 4가지 요소(누구와, 나에게, 무엇을, 어떻게)를 생각하면서 행복

을 준비하고 미리 세팅해 놓는다면, 굳이 행복을 찾지 않아도 주변에서 쉽게 발견할 수 있을 것이다.

소확행과 장난행

요즘에는 '소확행小確幸'이 유행이다. 작지만 확실한 행복이란 뜻을 담고 있는 '소확행'은 우리가 살고 있는 현재를 잘 표현해주고 있는 말 같다. '큰 행복은 내 생에는 없어'라며 행복해지기 어려운 세태를 반영하는 말 같기도 하고, 큰 행복을 얻기에는 너무 벅찬 현실을 드러낸 말처럼 보이기도 한다. 그러나 나는 '소확행'에 하나를 덧붙이고 싶다. '장난행長難幸', 즉 크고 어려운 행복도 있다.

최근 나는 20년 전 군대에서 꾸었던 말도 안 되는 꿈을 다 이루었다(무역 회사의 사장이 되는 것, TV와 신문에 나오는 사람이 되는 것, 내가 쓴 책을 출간하는 것). 저녁에 가족들과 삼겹살을 구워 먹으며 느끼는 '소확행'과 달리, 20년간 노력한 끝에 얻은 '장난행'은 그와는 차원이 다른 깊은 맛이 난다. 사는 데 지쳐서 빠른 결과만 얻으려 하거나 작은 행복에만 만족하지 말고, 가끔은 길게 투자해야 얻을 수 있는, 어렵지만 큰 행복을 꿈꾸는 것도 좋지 않을까 생각해본다.

정기적으로 섭취하기

어떤 사람이 한 모험가에게 사막을 건널 때 생명에 가장 위협이 되는 것이 무엇인지 물었다. 질문한 사람은 아마도 독사나 전갈 아니면 모래 태풍 같은 답을 예상했을 것이다.

하지만 모험가는 사막을 횡단할 때 생명을 가장 크게 위협하는 것은 '탈수증'이라고 답했다. 그것도 물통에 물이 있는 상태에서의 '탈수증'이 가장 무서운 위협이라고 했다.

사막의 온도는 보통 40도 이상이며 가장 더울 때는 45도 이상 올라갈 때도 자주 있다. 이처럼 온도가 높아 땀이 나도 바로 증발하기 때문에 본인이 땀이 나고 있는지, 탈수가 되고 있는지 자각하기 힘들다고 한다. 그렇기 때문에 스스로 느끼기도 전에 탈수증으로 쓰러져 사망하는 경우가 많다고 한다.

그것을 해결하기 위한 방법은 딱 하나다. 목이 마르건 마르지 않건 시간을 정해 놓고 정기적으로 물을 마시는 것. 사막을 여행하려면 알람을 맞춰 놓거나, 만보계를 사용하는 등의 방법으로 적당한 시간에 적당한 양의 물을 꼭 섭취하는 것이 중요하다고 전문가는 말한다.

매주 토요일 오전에는 쌍둥이 남자아이들과 시간을 보낸다. 우리는 아침부터 밖에 나가서 평소 엄마가 금지했던 햄버거나 감자튀김을 먹고 오락실에 간다. 여름이면 작은 분수가 나오는 공원에 가고, 가을이면 잠자리를 잡으러 들판에 나간다. 쌍둥이 아이들이 낮잠을 자면 큰딸을 데리고 서점 데이트를 즐긴다. 오후에는 재래시장에 가서 일주일간 먹을 채소나 고기를 사고, 저녁에는 아빠가 요리한 음식으로 가족 모두 함께 식사한다. 때로 지인들을 초대해 저녁을 보낼 때도 있다. 한 달에 한 번은 가족 모두 거실에 이불을 깔고, 아이들이 보고 싶어 하는 영화를 보면서 잠을 자기도 한다. 별것 아닌 토요일의 일상과 거실 취침이 우리 가족에게는 정기적으로 행복을 섭취하는 방법이다. 행복은 자신이 마음먹기에 따라 충분히 제어할 수 있다.

자신이 어떤 일을 할 때 행복한지 잘 알고 있고, 그 상황을 감사하다고 느낀다면 그걸로 끝이다. 문제는 자신이 어떤 일을 할 때 행복한지 잘 모르면서, 남의 행동이나 남이 소유한 것만 보면서 '행복하겠구나!'라고 생각하며 부러워하는 것이다. 그런 태도는 자신의 행복을 망치는 행위가 아닐까.

시간을 끌고 가는 사람과
끌려가는 사람

시간의 무게는 각기 다르다

20대의 시간과 30대의 시간 그리고 40대의 시간은 전혀 다른 구조로 짜여 있다. 일반적으로 20대의 시간이 대학 생활이나 친구와 만나는 시간이 주축이라면, 30대의 시간은 직장이라는 새로운 환경 중심으로 정해진다. 이 시기에는 결혼과 연애라는 중요한 일에도 시간 배분이 필요하다. 결혼을 하거나 아이가 생기면 또 다른 시간의 재배치가 필요하다.

나는 늦게 자발적으로 시작한 대학 공부 덕분에 시간이라는 자원의 소중함을 잘 알게 되었다. 학비를 벌면서 공부해본 사람들은 두 마리 토끼를 잡기 위해서는 오직 시간을 잘 활용하는 방법밖에 없다는 사실을 잘 알고 있을 것이다.

20대에 시간 관리법을 잘 익힌 사람은 직장생활, 결혼, 출산 등으로 삶에 큰 변화가 닥쳐도 좀 더 수월하게 대처할 수 있다. 하지만 그런 경험이 부족한 사람은 삶의 변화에 따른 시간 관리를 적절히 하지 못해 새로운 변화에 적응하지 못하는 경우가 많다.

주변에서 결혼 후 시간 관리에 실패해 잘 적응하지 못하는 사람을 흔히 볼 수 있다. 결혼 전에 밤늦게까지 인터넷 게임을 즐기던 사람이 결혼 후에도 똑같은 패턴으로 시간을 쓰려 한다면 힘든 결혼 생활이 될 것이다. 직장에 다니기 전에 매일 친구를 만나는 습관이 있었거나, 클럽에 자주 다니던 사람도 마찬가지이다. 직장에 다니면서 이런 과거의 생활 패턴을 이어가다가는 직장도 친구도 모두 잃게 될 것이다.

시간을 끌고 가는 사람, 끌려다니는 사람

시간을 둘러싼 사람들의 행동을 살펴보면, 크게 두 부류로 나눌 수 있다. 하나는 시간에 끌려다니는 사람이고, 다른 하나는 시간을 끌고 가는 사람이다. 시간에 끌려다니는 사람은 언제나 시간이 모자란다. 그러다 보면 모든 일의 끝맺음이 단정하지 못하기 쉽다. 반면에 시간을 끌고 가는 사람은 매사에 여유가 있고, 그래서 업무에 디테일이 살아 있을 가능성이 많다.

그렇다면 시간을 어떻게 정리하는 것이 좋을까? 먼저 자신이 어떤 부류에 속해 있는 사람인지 확실히 알아 둘 필요가 있다. 나는 시간을 가족, 직장, 종교와 봉사, 취미, 건강, 개인 공부를 축으로 다음과 같이 정리했다. (참고로 다음의 마인드맵은 'https://coggle.it'를 사용해서 만들었다)

전쟁을 하거나 기업 운영을 할 때 가장 중요한 전략은 '자원의 분배'가 아닐까? 하지만 그러기 전에 분배할 장소를 모른다면 분배는커녕 자원이 어디로 새고 있는지도 모를 수 있다. 먼저 우리는 시간을 분배할 장소를 명확히 해야 한다.

그리고 해야 할 것들에 대한 우선순위를 정하는 것도 시간 관리 전략의 아주 중요한 포인트다. 일의 우선순위에 따라 가장 효율적으로 분배하여 진행하면서 균형을 잘 이뤄 가는 것이 중요하다.

하지만 최종 목표는 균형을 잡고 계속 유지하고 있는 것이 아니라는 것을 명심하기 바란다. 시간 관리의 최종 목표는 균형을 잡으며 전진하는 것이다.

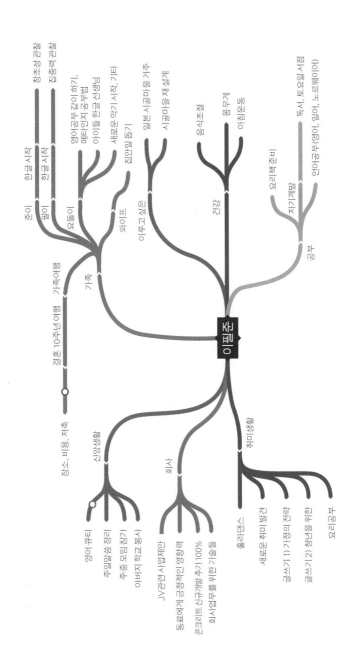

이필준

가족
결혼 10주년 여행 / 가족여행
장소, 비용, 저축

준이 / 한글 시작 / 창조성 관찰
핀이 / 한글 시작 / 집중력 관찰
요들이

영어공부 같이 하기, 메타인지 공부법
아이들 한글 선생님
새로운 악기 시작, 기타
집안일 돕기

와이프

이루고 싶은

일본 시골마을 거주
시골마을 재 설계

건강

음식조절
몸무게
아침운동

자기계발

요리책 준비
독서, 토요일 서점
언어공부(영어, 일어, 노르웨이어)

공부

신앙생활

영어 큐티
주일말씀 정리
주중 모임 참가
아버지 학교 봉사

회사

JV관련 사업제안
동료에게 긍정적인 영향력
콘크리트 신규개발 영향력
콘크리트 신규개발 추가 100%
회사업무를 위한 기술습득

취미생활

훌라댄스
새로운 취미 발견
글쓰기 1) 기정이 견학
글쓰기 2) 청년을 위한
요리공부

우리는 시간을 투자해야 할 목표를 명확하게 정하고, 전략을 그에 맞게 수정하면서 나아가야 한다. 전쟁에서나 기업 운영 전략에서도 내외부 환경에 따라 자원 분배를 다르게 한다. 어떨 때는 보수적으로 수비만 하는 경우도 있고, 상황에 따라 적극적인 공격을 시도하는 시기도 있다. 시간을 잘못 분배했을 때는 모든 것이 뒤죽박죽되어 이도저도 아니게 될 수 있다.

아이의 교육과 성장에 중요한 시기에는 본인의 자기계발에만 전력투구하다가, 아이가 사춘기가 되었을 때가 돼서야 아이와 시간을 보낼 생각을 한다면 시기를 잘못 선택한 것이다. 자기계발에 몰두해야 할 20~30대에 취미에만 투자하다가, 나이가 들어 뒤늦게 자기계발을 시작한다면 애써 노력한 결과물을 제대로 활용하지도 못하고 생을 마감할 수 있다.

나도 벌써 아이를 셋이나 둔 40대 중반의 아빠가 되었다. 주말에 자기계발을 하는 것은 큰 사치이며, 아이에게 큰 상처를 주는 일임을 잘 알고 있다. 따라서 시간이 상대적으로 많을 때나 가족 부양의 책임이 좀 덜할 때 자신을 위한 시간이나 자기계발 시간을 늘리는 것을 추천한다. 20대는 자신을 위해 주말을 활용하고, 30대에는 각자의 환경에 맞게 시간을 적절히 조절하고, 40대에는 또 그에 맞게 분배하는 것이다. 50대가 되면 이제 다시 늘어난 시간을 혼자 또는 배우자와 어떤 식으로 활용할지 생각해야 하지 않을까?

도전 없이 하루를 사는 사람들

일상적인 도전과 새로운 도전

걷는 건 귀찮아, 기어 다닐래

어쩌면 인생은 계속되는 '도전'의 연속이다. 태어나면서부터 우리는 운명적으로 도전한다. 누워만 있다가 몸을 뒤집으려 하고, 배밀이를 해서 이동하려고 하고, 기어 다니며 그 반경을 넓히고, 아장아장 걸으며 좀 더 빨리 움직이려 애쓰다가 차츰 걷고 달린다.

만약 어떤 아이가 기어 다니는 것에 만족해서 "나는 걷는 건 안할래, 귀찮으니까 패스"라고 한다면 성장은 불가능할 것이다.

사람은 죽을 때까지 성장하는 존재이다. 물론 물리적인 성장인

근육이나 신장의 발달은 어느 시기가 되면 멈추지만, 생각이나 심리적 성장은 평생 계속될 수 있다.

어떤 사람은 이처럼 평생 성장의 기회가 있다는 것을 알면서도 "나는 성장은 안 할래, 귀찮으니까 패스"라고 생각하기도 한다. 이런 사람을 비난할 생각은 전혀 없다. 그들은 '성인'이고 스스로의 판단에 의해 그렇게 결정한 것이기 때문이다. 그에 따른 책임도 물론 그들 스스로 져야 한다.

이처럼 스스로 성장을 거부하는 사람도 있지만, 무기력에 빠져 성장은 생각지도 못하는 사람도 상당히 많다.

왜 우리는 무기력해지는 것일까?《나는 왜 무기력을 되풀이하는가》(에리히 프롬)에서 저자는 무기력에 빠지는 이유를 '남이 바라는 나'로 살고 있기 때문이라고 설명하고 있다.

'부모님이 바라는 나', '회사에서 바라는 나', '주변에서 바라는 나'로 살기 위해 노력하는 사람들. 내가 원하는 곳으로 여행을 가기보다는 남들이 좋다고 하는 곳, 남들이 모두 가는 곳에서 인증샷을 찍고, 남들이 다 사는 물건으로 쇼핑리스트를 채우며 여행하는 사람들. 나에게 정작 필요한 자동차는 경차 정도면 충분한데, 남들이 타고 다니는 자동차를 부러워하며 필요 없는 고급차를 그것도 융자까지 받아서 사는 사람들.

이런 행동이 반복되면 즐거워야 할 성취의 과정이 점점 의무로 바뀌고, 결국 우리를 무기력의 세계로 인도하게 된다. 의무적인 성취감을 얻다 보면 결과만 중시하게 된다. 과정은 단지 결과를 만들기 위한 고통의 길이기에 과정에서 즐거움을 얻기가 어렵다. 하지만 자신의 생각과 판단에 의한 도전은, 그 과정이 순탄치 않더라도 거기에서 재미와 행복을 느낄 수 있다. 그렇게 도달한 결과는 더 달콤할 수밖에 없다.

여러분은 의무적인 도전이 아닌 자신만의 도전을 해본 적이 있는가. 좀 더 근본적인 질문을 해보겠다. 자신이 진정으로 도전하고 싶은 것이 무엇인지 알고 있는가?

내가 뭘 원하는지 알 수가 없네

사실 우리는 스스로 선택하고 실천하는 방법을 배우지 못했다. 틀에 맞춘 교육 시스템에서 평가를 받고, 틀에 맞춘 목표를 이루기 위해 살아왔다. 따라서 규정된 도전만 할 수 있게 되었고, 그것에서 벗어난 도전은 무모한 짓이라는 생각을 하게 됐다.

학생 때는 좋은 성적을 받는 것이 최고의 도전이고, 성인이 되어서는 돈을 많이 버는 것이 최고의 도전이다. 경제적인 안정을 이뤘다 해도 다 끝난 것은 아니다. 다음 관문인 자녀의 성적과 교육, 자녀의 직업과 연봉 그리고 손자 교육 등이 줄줄이 나의 도전을 기다리고 있다. 우리는 영원히 끝나지 않는 '무한도전'의 세계로 진입해버린 것 같다.

이런 사회에 익숙해진 사람들에게 "새롭게 도전해보고 싶은 것이 있어?"라고 묻는 것은 어쩌면 엉뚱한 행동이나 사치 같은 것이 되어버린 듯하다.

지금 우리 세대에게 가장 필요한 것은 무엇일까? 남이 아닌 내가 정말 하고 싶은 것이 무엇인지 깨닫는 지혜가 아닐까.

그렇게 되려면 남들과 다르게 살 수 있는 용기, 위험을 감수할 용기, 실패에서 배울 수 있는 용기가 필요하다. 이런 용기를 가지고 스스로 도전하고 싶은 것을 찾을 때 자연스레 나에게 맞는 도전이 나타날 것이다.

두 가지 도전

나에게는 늘 두 가지 도전 과제가 있다. 하나는 '일상적인 도전'이고, 다른 하나는 '새로운 도전'이다. 일상적인 도전은 지금 부족한 부분을 채워주거나 능력을 좀 더 향상시켜주는 도전이다. 다이어트를 하거나 회사 업무에 관한 공부를 하거나 새로운 요리를 배우는 것처럼 이제까지 하던 일을 조금 더 잘하기 위한 도전이다.

'일상적인 도전 = 이제까지 하던 일을 발전시키는 도전'

반면 새로운 도전은 이제까지 해보지 않았던 일에 도전하는 일이다. 올해 나는 벌써 두 권째 책을 쓰고 있다. 3년 전에는 취미로 지인들과 서래마을에 공유 주방을 만들기도 했다. 대학원에서 새로 공부를 시작하거나, 다른 직장으로 전직하는 것도 새로운 도전이라고 할 수 있다.

'새로운 도전 = 이제까지 하지 않았던 일에 대한 도전'

일상적인 도전은 평상시에 도움이 되거나 필요한 능력을 향상시켜주지만, 새로운 도전은 삶의 방향을 바꿔주며 그 도전에 성공할 경우 큰 자신감과 성취감을 선사한다.

지금까지 나는 새로운 도전을 자주 했다. 백화점 판매원에서 시작한 사회생활은 안경점 직원, 한국어 강사, 쇼핑몰 운영, 무역회사 창업, 종합상사 영업과장을 거쳐 현재 노르웨이 회사의 한국 지사장으로 계속 변화의 과정을 거치며 도전에 나서고 있다. 뒤늦게 시작한 외국어 공부도 어느덧 일본어와 영어를 일정 수준 정도로 잘

할 수 있게 되었다. 새로운 도전에 나설 때는 매번 두려움과 불안감이 있지만, 그런 도전은 나를 항상 한 단계 성장시켜주면서 성취감이라는 큰 선물을 선사했다.

이렇게 새로운 도전을 반복하다 보면 '할 수 있다'라는 더 큰 자신감이 생긴다. 또한 새로운 분야를 바라보는 관점으로 현재 업무의 빈틈을 새롭게 발견할 수 있는 효과도 있다. 가장 좋은 점은 새로운 사람들과 관계를 맺을 수 있다는 점이다. 이전에 서래마을에서 운영했던 공유 주방에서 만났던 사람들은 지금까지도 음식과 맛에 대해 함께 논의하고 식사도 나누는 사이가 되었다. 최근에는 그 사람들과 새로운 프로젝트를 진행하기도 했다.

작년 말 우리 가족(쌍둥이 아가들을 빼고)은 가족 모임에서 새로운 일에 도전하는 프로젝트를 시작하기로 결정하고 실천에 나섰다. 아빠는 책 쓰기, 엄마는 평생소원이었던 테니스 배우기, 딸은 오디션을 거쳐 유명한 합창단에 가입하기를 목표로 정하고 지금까지 진행하고 있다. 다행히 나는 책 쓰는 것을 즐기고 있다. 매일 밤 아이들을 재워 놓고 아내의 도움(교정 작업)을 받아 함께 책을 쓰고 있다. 아내는 벌써 게임에 나설 정도의 수준이 되어 매일 테니스를 하며 건강한 몸을 유지하고 있다. 딸은 높은 경쟁률을 뚫고 유명한 합창단에 합격하여 본격적인 활동에 나서고 있다.

'일상적인 도전' 역시 중요하다. 큰딸이 올해 결심한 일상적인 도전은 영어 일기 쓰기와 우쿨렐레 연주다. 가끔 딸의 영어 일기장의 맨 처음 페이지와 최근의 일기를 비교해보면 꾸준한 도전이 선사하는 놀라운 힘을 느낀다. 나도 아침마다 운동을 꾸준히 하고 있다. 처음에는 5km를 60분 동안 걸었는데, 지금은 42분대에 완주하게 되었다. 그리고 딸과 함께 시작한 일주일에 책 한두 권 읽는 습관은 우리집의 즐거운 전통으로 자리잡았다.

이처럼 일상적인 도전과 새로운 도전은 나와 우리 가족을 좋은 방향으로 성장시키고 있다. 그리고 이 도전을 통해 얻는 자신감은 우리 가족에게 가능성의 무한한 힘과 도전의 즐거움을 가르쳐 줄 것이다. 우리가 새로운 일 앞에서 두려워 할 때, 이 일이 가능한지 불가능한지 알아볼 수 있는 유일한 방법은 우선 한 발짝 앞을 향해 내딛어 보는 것이다.

약 13년간 국민들의 큰 사랑을 받았던 〈무한도전〉이란 프로그램이 있다. 그 방송이 주는 가장 큰 재미는 일반 사람들이 쉽게 도전하지 못했던 것에 과감히 도전하는 데서 나왔다. 시청자들은 그들이 노력하는 과정을 보면서 공감하며 울고 웃었다. 프로레슬링이나 봅슬레이에 도전하는 내용처럼 한번 해보고 싶지만, 선뜻 도전하지 못하는 것들을 우리를 대신해 도전했고, 이는 시청자들을 흥분시키며 큰 감동을 전해주었다.

이제 우리도 각자의 무한도전에 나설 때가 아닌가 싶다.

단점도 재활용이 되나요?

단점과 장점은 한 끗 차이

소심한 영업맨

나는 소심한 사람이다. 혼나는 것을 두려워하고, '실수하면 어떡하지?'라는 생각을 자주 하는 편이다. 하지만 직장생활을 하면서 이런 나의 소심한 성격이 업무를 할 때 더욱 신중을 기하게 하는 디테일을 만들어준다고 믿게 되었다. 나와 반대로 과감한 성격이어서 업무 추진은 빠르지만 대개 신중하거나 꼼꼼하지 못해서 결국 주변 사람들을 힘들게 하는 경우를 자주 보았다.

그래서 나는 남보다 행동력이 빠른 소심한 사람이 되기로 결심했다. 그 결과 지금은 꼼꼼한 소심함이 나의 가장 큰 무기가 되었다.

세계적인 거대 기업 아마존에서도 큰 단점을 장점으로 바꾼 사례가 있다. 미국 유통 시장의 가장 큰 이벤트인 블랙 프라이데이 Black Friday(미국 추수감사절 다음 금요일)에는 엄청난 수의 고객들이 대규모로 할인하는 행사 상품을 구매하기 위해 각 온라인 쇼핑몰을 찾는다. 이 시기에 몰리는 고객 트래픽에 대응하기 위해 쇼핑몰들은 평소의 10배가 넘는 서버를 운용하고 있다. 하지만 문제는 이 시기가 지나면 많은 고객을 대응하기 위해 준비했던 서버가 비용의 증가로 애물단지가 된다는 데 있다.

아마존은 블랙 프라이데이 시즌이 끝난 후 무용지물이 되어버린 서버를 평소 다른 사업자들에게 빌려주는 아이디어를 생각해냈다. 2006년부터 Amazon Web ServicesAWS라는 이름을 달고 시작한 이 서비스는 현재 클라우드 서비스의 최강자로 자리매김하며 아마존의 효자 상품이 되었다. 이 서비스의 가장 큰 특징은 유연성이다. 고객의 트래픽이 증가할 조짐이 보이면 바로 서버를 확장하고, 반대로 트래픽이 감소하기 시작하면 바로 서버를 줄일 수 있는 서비스를 기업에 제공하고 있다. 기업 입장에서는 굳이 스스로 비용을 부담하며 물리적인 서버를 구매해서 운용하는 것보다 유동성에 장점이 있는 아마존 서비스를 사용하는 것이 속도도 더욱 빠르고 경제적일 수 있다. 즉 기업들은 AWS를 통해 수많은 운영 인력과 초기 투자 비용, 철수 시 회수 비용 등을 절약할 수 있는 좋은 서비스를 제공받게 된 것이다.

이렇게 블랙 프라이데이 시즌에만 바쁘게 쓰이다가 시즌이 끝난 후 골칫거리가 되었던 아마존의 큰 약점은 이제 아마존의 가장 큰 효자 상품으로 거듭날 수 있었다.

단점의 뒷면에 있는 장점

단점은 누구에게나 있는 것이 당연하다. 하지만 우리는 이 단점을 숨기기에 급급하며, 단점을 버리려고 부단히 노력하면서 힘들어 한다. 하지만 우리가 단점이라고 생각하던 것을 조금만 관점을 바꾸면 나의 큰 무기로 만들 수 있다.

때로는 단점이 아닌 것을 두고도 우리 스스로 단점이라 생각하며 오해할 때도 있다.

지금 내가 근무하고 있는 노르웨이 회사는 융통성이 부족하다는 평을 많이 받는다. 특히 융통성을 강조하는 한국 기업 풍토에서 제품 판매 이후 발생하는 고객의 요청에 융통성 있게 대응하지 못하는 일이 많아 초반에는 정말 힘들었다. 그렇지만 융통성이 없다는 말은 약속을 잘 지키며, 일관적이라는 말이기도 하니, 생각에 따라서 융통성이 없다는 말은 장점이 될 수도 있다. 이렇게 한국에서 10년 동안 영업하자 고객들은 우리 회사에 융통성 문제를 꺼내지 않게 되었다. 비록 고객이 원하는 대로 중간에 가격을 할인하거나 리베이트 같은 것을 주는 식의 대응을 하지는 않았지만, 어떤 사정이 생겨도 계약한 물량은 반드시 지켰고, 불량이 났을 때는 발빠르게 대응하는 식으로 우리 회사의 가치와 장점을 보여주었기 때문이다. 만약 한국 영업 담당자로서 한국식으로 융통성을 보여주며 일했다면, 오히려 우리 회사의 진정한 가치를 고객들에게 알리지 못했을 거라고 생각한다.

단점은 실제로 단점이 아닌 경우가 많다. 자신이 그것을 단점이라고 생각하는 이유가 최근 유행에 맞지 않아서인지, 혹은 문화의 차이에서 오는 것인지를 따져보는 것도 좋을 것 같다. 단점이라고 생각했던 것이 상황에 따라 단점이 아닌 큰 장점인 경우도 많다. 단점이라고 생각한 나의 모습이 다른 나의 모습과 만나 장점으로 변해 활약하는 경우도 있다. 속도는 느리지만 꼼꼼하고 소심한 영업맨이 활약하는 것처럼.

3장

생활의 기본

"군자는 기본이 되는 일에 힘을 쓰며,
매사에 기본이 바로 서야 도가 튼다."

-유자

걱정병

통제할 수 있는 것과 없는 것

걱정병

오래전에 남들에게 말할 수 없었던 병이 있었다. 진작 이 병을 낫게 하는 쉬운 방법을 찾았더라면, 하는 후회도 있지만 지금이라도 이 병에서 완쾌되어 다행이라고 생각한다. 주변을 보면 오늘도 이 병 때문에 많은 사람들이 아파하며 불필요한 시간을 허비하고 있는 것 같다. 그 병의 이름은 바로 '걱정병'이다.

나의 '걱정병'은 1983년 10월 어느 일요일, 혼자 집에서 편안한 자세로 누워 TV 야구 중계를 보고 있을 때 생겼다. 갑자기 민방위 사이렌이 울리며 TV 정규 방송이 중단되었다. 그러곤 전쟁이 일어날지 모른다는 뉴스가 나왔다. 야구를 보던 관중들이 서둘러 경기장을 빠져나가는 장면은 한동안 나를 따라다니며 괴롭혔다. '전쟁이 나면 어떡하지?'라는 걱정에 매일 밤 혼자 두려워하며 쉽게 잠들지 못했다. 친구들에게 말할 수도 없었다. 부모님께 몇 번 말씀드렸지만, 대수롭게 생각하지 않으셨다.

이런 '걱정병'을 그냥 방치하면 더욱 심해져 '강박증'으로 변한다고 한다. 이 '강박증'은 정신과적 치료가 필요할 정도로 삶에 나쁜 영향을 미칠 수 있다. 강박증 환자의 가장 큰 문제는 현실을 제대로 바라보지 못하고, 미래에 일어날 일에 대한 걱정과 염려로 매일 힘들어 하는 것이다.

내가 이 '걱정병'에서 완쾌될 수 있었던 것은 20대 중반에 만난 다음의 글 덕분이었다. 뒤늦게 좋은 글을 만나 마음이 편해졌지만, '좀 더 일찍 만나더라면' 하면서 혼자 빙그레 웃기도 했다.

"우리가 하는 걱정의 40%는 결코 일어나지 않을 일이고, 30%는 이미 일어난 일에 관한 것이고, 22%는 나에게 치명상을 일으키지 못하는 걱정이고, 나머지 4%는 일어나도 우리가 전혀 손쓸 수 없는 일이다. 단지 나머지 4%만이 우리가 진정으로 걱정해야 하는 일이다."

통제하지 못하는 것은 놓아두기

우리는 지금 전혀 통제할 수 없는 것에 너무 힘을 쏟고 있는 것은 아닐까? 전세 가격이 오르는 것을 우리가 통제할 수 있을까? 회사에 새로 발령받은 부장님의 성격을 미리 통제할 수 있을까? 축구 경기에 내가 응원하는 선수의 출전 여부를 통제할 수 있을까?

이미 일어난 일에 대해 걱정하는 사람도 많다. 심지어 과거에 사로잡혀서 매일 힘들어 하는 사람도 주변에 많다. "15년 전에 수능 시험만 잘 봤어도.", "그때 그 남자와 연애를 계속하는 건데.", "전에 팔았던 주식을 지금도 갖고 있다면." 이런 생각을 계속하고 있다면 우리는 마음에 스스로 상처를 내고 있는 것이다.

'걱정병'의 또 하나 무서운 증상은 바로 전염성에 있다. 매번 걱정을 하고 두려워하는 사람 근처에 가면 이상하게 나도 걱정하게 되고, 초조해지곤 한다. 한번은 거래처 직원들과 식사를 할 일이 있었는데, 걱정과 조바심이 많은 거래처 부장님 때문에 우리 모두의 식사 자리가 엉망이 된 경험이 있다. 구매팀과 감사팀에서 잔뼈가 굵은 그 부장님은 식당에 앉자마자 물이 나오는 속도가 늦다고 종업원에게 불만을 털어놨고, 막내 직원이 젓가락을 잘못 놓았다고 핀잔을 주었다. 그러고도 계속 불평불만을 늘어놓았다. 심지어 음식이 묻지 않도록 착용하는 앞치마 색상에 문제가 있다며 직원을 계속 힘들게 했다. 그러면서 이 가게는 모든 게 엉망이니 나오는 음식도 엉망일 것이라고 말했고, 정말 엉망인 음식이 나왔다. 그런데 실제로 그 가게의 음식이 엉망이었을까? 사실 그 식당의 음식 맛은 잘 기억나지 않는다. 단지 그날의 식사 분위기가 엉망이었다는 기억만 남아 있다.

이렇게 계속 걱정하고 부정적인 이야기를 하는 사람 주변에는 이상하게도 모든 일이 부정적으로 흘러가는 경향이 있는 것 같다.

예전 종합상사 시절에 자동차의 아주 민감한 조립 라인에 들어가는 철강재의 수입과 물류를 담당한 적이 있다. 자재가 부족해서 공장이 멈추면 그 손해액이 천문학적인 액수가 된다는 공장 담당자의 말에 나는 제때 물건을 보내지 못할까 걱정이 많았다. 그런데 당시 나와 같이 호흡을 맞췄던 본사 대리님은 내가 긴장하면서 전화하면 일관된 목소리 톤으로 "자, 필준아, 우리 한번 생각해보자"라며 이야기를 이끌어주었다. 당시 그 목소리가 얼마나 나를 편하게 해주었는지 지금도 그 목소리를 상상하면 마음이 편해진다. 아마도 그런 편안한 태도는 연륜과 경험에서 나오는 여유였을 테지만, 신입사원이었던 나에게는 오아시스 같은 목소리와 응대였다. 내가 그렇게 걱정하면서 전화했을 때, 전화기 너머에서 나를 혼내거나 책임을 떠넘기려 했다면 어쩌면 지금 나는 전혀 다른 일을 하고 있지 않을까라는 생각마저 든다.

모든 사람은 부족한 면이 있다. 절대 완벽한 사람은 없다. 그렇기에 우리 모두는 성장할 수 있다는 가능성을 갖고 있다. 그러니 너무 완벽하지 않아도 된다. 그리고 완벽하지 않다는 사실에 대해 너무 걱정하지 않아도 된다. 단지 내가 지금 뭘 할 수 있는지 뭘 할 수 없는지 분명히 아는 삶, 내가 할 수 있는 것이 조금씩 늘어가는 것에서 인생의 가치를 느낄 수 있으면 된다고 생각한다.

그러니 내가 통제할 수 있는 것에만 집중하자. 내 의지와 계획과 노력으로 바꿀 수 있는 것은 무엇일까? 아무리 노력해도 바꿀 수 없는 것은 무엇일까? 그럼에도 걱정거리가 있다면 한번 종이에 적어보면 어떨까.

- 통제 불가능: 수명, 과거, 미래, 환율, 주가
- 통제 가능: 공부, 건강 관리, 독서, 업무를 위한 공부, 인간관계를 위한 노력

이런 식으로 통제 가능 여부를 적고 구분한 다음, 내가 통제할 수 있는 것에 집중하고, 그것을 하나씩 늘려 가면 된다.

명확하게

애매함은 삶의 낭비다

애매함은 흉이 아니다?

2019년에 일본에서 큰 피해를 일으켰던 태풍 15호가 발생했을 때, 일본 젊은이들 사이에서는 회사로부터 받은 문자를 통해 회사를 평가하는 농담이 유행했다.

- 좋은 기업: 태풍이 강합니다. 모두 자택에서 근무해주세요.
- 나쁜 기업: 태풍이 강해도 전철이 움직인다면 출근하세요.
- 회색 기업: 연락이 없음

• 가장 힘든 기업: 자신의 판단에 따라 움직여주세요.

애매한 조직과 리더는 사람을 힘들게 한다. 그리고 그것은 많은 에너지를 빼앗아간다. 반대로 명확한 조직과 리더는 사람을 편하게 만든다. 그리고 좀 더 본연의 업무에 집중할 수 있게 도와준다. 애매한 리더는 자신의 책임을 회피하려 하는 성향이 있거나 상황 인식이 부족한 경우가 많다.

우리 회사에서는 9시 30분 이후 출근을 지각이라고 정해 놓았다. 그리고 지각을 하면 그 사유와 함께 휴가 관리표에 적도록 하고 있다. 사실 이 시스템을 적용하기 전에는 10분 정도 지각해도 아무런 조치를 하지 않았다. 그러다 보니 10분이 15분이 되고, 15분이 30분이 되어도 별 문제가 되지 않는 분위기가 되었다.

회사의 리더였던 나는 이 문제로 상당한 스트레스를 받았다. 그래서 직원들과 상의해서 지각에 대한 명확한 룰을 만들었다(1분이라도 늦으면 지각이다). 그 뒤로 모든 직원이 명확하게 룰을 따르면서 지각 빈도가 줄었다.

애매함이 꼭 회사나 조직에만 있는 것은 아니다. 연애하는 커플들이 헤어지는 이유 중 가장 큰 원인은 서로에게 애매한 표현을 하기 때문이라고도 한다. 연애 초반에 흔히 말하는 '밀당'의 시간을 너무 오래 가지거나, 쑥스러워서 고백의 시기를 놓치면 안타깝게도 서로의 마음을 오해해서 헤어지는 경우가 생긴다. 또한 모임도 방향성이 모호하거나 규칙이나 회칙이 없다면, 단순한 친목 모임이 되어 버린다. 분기에 한 번 정도 모이는 고등학교 친구들과의 모임에서도 매번 식당을 정하는 일로 '카톡' 방에서 사소한 분쟁과 열띤 토론이 벌어진다. 물론 좋은 식당을 정하려고 노력하는 것은 좋은 일이지만, 그 일에 시간과 데이터를 소비하는 것이 결코 좋아 보이지는 않았다. 그래서 우리는 모임을 갖는 날, 정시에 온 친구들끼리 미리 다음에 만날 날짜와 식당을 정하고 나서 모임을 시작한다. 이렇게 하니 지각하는 친구들이 줄어들었고(모임 시작 시간이 되면 몇몇 안건들을 먼저 정하고 모임을 시작하면서 지각이 줄어들었다), 다음 모임 장소로 서로 티격태격하는 일들도 사라졌다.

요즘은 애매함이 흉이 아니라는 이야기를 많이 하는 분위기다. 나도 그 말에는 동감한다. 하지만 불필요한 애매함을 개선하지 않는 것이 더 큰 흉이 아닐까? (나에게는 애매함을 즐기는 시간도 있기에, '불필요한 애매함'이라고 표현했다.)

나의 애매한 부분은?

'이 길이 정말 맞는 길일까?'

우리 삶에는 항상 선택과 관련한 애매한 선들이 실타래처럼 복잡하게 꼬여 있는 경우가 많다. 그래서 막상 선택하려고 하면 망설이게 된다. 한 가지를 선택해야 하는 경우에 '이것이 정말 최선일까?' 하는 생각이 밀려오기도 하고, '더 나은 것이 있다면 어떡하지?'라고 생각하며 고민에 빠진다.

처음 마주하는 일이나 상황 등에서 이런 마음이 드는 것은 어쩔 수 없다. 특히 신입사원과 마주하면 내가 더 민망할 정도로 그들의 행동에 애매함이 묻어 나오는 일이 많다. 하지만 시간이 지나면서 스스로 적응하는 방법을 깨닫고, 일하는 방법을 알게 되면 그 애매함은 점차 사라진다. 하지만 시간이 지나도 계속 애매한 채로 남아 있는 사람이 있다면 그 사람은 발전하지 못했거나 문제가 있는 것이 아닐까?

내가 경험한 가장 큰 애매한 상황은 결혼 후에 벌어졌다. 첫눈에 반한 사람과 만나서 결혼까지 했는데, 막상 같이 살아보니 서로의 생활방식에 다른 점이 무척 많았다. 게다가 나는 혼자 산 경험이 많아서 음식이나 세탁, 청소 등은 모두 스스로 했다. 하지만 아내는 혼자 산 경험이 전혀 없었기에 그런 부분을 처리하는 것에서 나와 의견이 많이 달랐다.

처음에는 아내가 만들어준 된장찌개에 양파가 들어가 있는 것을 보고 싸우기도 했다(어디서 그런 용기가 나왔는지, 아직도 이해 불가능이다). 그렇지만 우리 부부는 많은 대화를 통해 우리에게 맞는 방식을 만들어갔고, 최근에는 거의 싸우지 않게 되었다. 이는 복잡한 실타래를 풀어가는 과정과 많이 비슷한 것 같다. 공들여 하나씩 풀어가다 보면 다른 꼬인 부분이 보이고, 그 부분을 풀다 보면 점점 꼬여 있던 실이 마침내 모두 풀린다. 그렇게 노력을 거듭하면 결국에는 모두가 편해진다. 만약 우리 부부가 실타래를 풀지 않고 계속 그렇게 애매한 상황을 붙들고 살았더라면 지금까지도 에너지를 낭비하며 살고 있을 것이다.

애매함을 없애는 방법

최근에 역사를 알기 쉽게 설명해주는 설민석의 강의가 큰 인기를 끌고 있다. 그의 강의를 듣고 있으면 이제까지 따분하게만 생각했던 역사가 마치 내 머릿속으로 뚫고 들어오는 듯한 기분이 든다. 강의가 마지막에 이르면 감동이 샘솟으며 한국인이라는 자부심까지 느끼게 된다.

'왜 그의 설명을 들으면 이해가 잘되는 것일까?'

그의 강의는 지금까지 들었던 어떤 역사 선생님의 수업보다 더 알기 쉽고 이해가 잘 된다. 그 이유를 곰곰이 생각해보니, 정답은 '이야기의 명확한 전개'에 있다는 것을 깨달았다. 그의 강의는 군더더기 없이 처음부터 끝까지 핵심과 탄탄하게 연결된 이야기가 직선적으로 전개된다. 최근에는 영화를 보기 전에 그가 역사적 배경을 설명해 놓은 동영상을 미리 예습하는 사람이 많아졌다고 한다. 그가 영화의 역사적 배경을 소개한 역사 특강을 보고 나면, 관심 없던 영화라도 보고 싶은 마음이 저절로 생길 정도라고 하니 정말 강의 실력이 대단함을 알 수 있다.

이처럼 분명함은 매력이 있다. 애매함을 없애려면 명확한 목적을 가져야 한다. 그리고 그 목적을 향해 일직선으로 달려갈 수 있어야 한다.

아이들은 종종 부모의 눈치를 보면서 자신의 감정에 솔직하지 못할 때가 있다. 성인들도 직장에서 상사의 눈치를 보면서 자기감정에 솔직하지 못할 때가 많다. 부모나 상사가 무서워서일까? 아니면 지레 겁먹고 말을 못하는 사람에게 문제가 있는 것일까?

종종 이런 문제와 마주칠 때마다 나는 자신에게 솔직해지는 쪽을 택하고 있다. 물론 우리 아이들에게도 솔직하게 말하라고 권한다. 솔직하게 말하지 않으면 상대가 어떤 생각을 갖고 있는지 모른다. 상대가 말하지 않으면 내가 가지고 있는 짧은 경험이나 식견 내에서 생각할 수밖에 없다. 부부 사이라도 말하지 않으면 상대가 어떤 생각을 하는지 모르는데, 직원 사이라면 더욱 그러할 것이다. 그러니 솔직해질 필요가 있다.

주변 사람들에게 자신이 바라고 원하는 것이 무엇인지 솔직하게 말해보자. 사람들은 당신의 생각을 더 명확하게 이해할 수 있게 될 것이다. 바라는 것을 솔직하게 표현하는 것은 자신을 존중하는 중요한 방법이다. 말하지 않고 침묵해버리면, 원하는 것을 얻지 못했을 때보다 더 크게 후회하게 될 것이다.

경계를 명확히 하면 오히려 상대방과 더욱 관계가 편안해지지 않을까 생각한다.

어벤져스에서 배우는 협력

' Leader or Reader '

미래의 인재

대한상공회의소는 2018년 8월 기준 매출액 상위 100대 기업을 대상으로 지향하는 인재상을 분석했다. 그 결과 국내 주요 기업이 꼽은 인재의 첫 번째 덕목은 5년 전의 '도전 정신'에서 2019년에는 '소통과 협력'으로 바뀌었다. '소통과 협력'은 5년 전에는 7위였다.

왜 기업들은 '소통과 협력'을 인재에게 가장 필요한 덕목이라고 판단하고 있을까?

'전문성', '창조성'이 아닌 누구나 쉽게 할 수 있을 것 같은

'소통과 협력'이라는 결과에 나는 좀 의아하다는 생각이 들었다. 최근에는 리더십의 경향도 바뀌어 이전에는 사람을 이끄는 'Leadership'이었다면, 최근의 리더십 트렌드는 사람의 마음을 읽는 'Readership'이라는 말까지 등장하고 있는 상황이다.

입시와 취업 경쟁 속에서 20년 넘게 생활한 요즘 젊은 세대에게는 '협력과 소통'이 쉽지는 않을 것 같다. 게다가 외동아이가 많아져서 협력을 어려워하는 일이 많다고 한다. 혼자 공부하고 생각하다 보면 점점 그런 경향이 짙어질 수밖에 없다.

당연한 말 같지만 협력하는 인재, 소통하는 인재는 혼자 있으면 그 능력을 키우기가 무척 어렵다. 함께하면서 분쟁을 만나면 같이 문제를 해결하고, 함께 발전해가는 과정에서 그 능력을 키울 수 있다.

우리 아이들은 항상 북적거리며 잘 지낸다. 가끔 싸우기도 하지만 대체로 다 같이 잘 어울려 논다. 그 모습을 바라보고 있으면 협력과 소통이 잘 되는 아이들로 자라는 것 같아 보여 참 기분이 좋다.

10년이면 강산도 변한다

1999년에 내가 사용하던 휴대폰은 공중전화 박스 근처에서만 사용 가능한 PCS라는 단말기였다. 걸면 걸리는 '걸리버'라는 이름을 단 그 제품은 액정이 아주 작았지만, 휴대폰 벨소리를 고를 수 있는 최첨단 기능이 탑재되어 있었다. 그때 일본에는 칼라 액정 휴대폰이 출시되어 인기를 끌고 있었다. 2003년경에는 소니에서 MP3와 간단한 동영상 재생이 가능한 신제품이 나와서 당시 이 휴대폰을 열심히 한국에 팔았던 경험이 있다.

그러나 2009년 이후로 한국의 전자 산업은 신속한 의사결정과 과감한 투자를 바탕으로 반도체 분야를 시작으로, 휴대전화, LCD, LED까지 모두 일본 기업을 앞지르게 된다. 그러자 전통 있는 일본의 몇몇 전자업체들은 뒤늦게 구조조정에 나섰지만 결국 쇠퇴의 길로 접어들고 만다.

이때, 일본에서는 한국 기업처럼 오너 체제에서 이뤄지는 신속한 투자 결정을 배워야 한다고 모두들 말했다. 하지만 실제로는 결정권자의 부재와 책임 회피 문제 등으로 인해 현실화되지 않았다.

10년이 지난 2019년, 일본은 새로운 무기를 들고 세계 산업계에 다시 도전하고 있다. 그것은 바로 '협업' 전략이다. 이제까지 서로 관련 없어 보이던 회사들이 하나둘 뭉쳐 새로운 사업을 만들고, 그에 맞는 전략을 세워가며 함께 발전하는 작전을 본격적으로 사용하기 시작했다. 이런 시도는 아마도 소프트뱅크의 성공에서 비롯된 듯하다. 소프트뱅크는 소프트웨어 제작이나 통신업종에서 시작했지만 이제는 전략적 투자회사로 그 모습을 진화시켰다. 즉 우수한 자기편을 많이 만들어 그 안에서 새로운 사업을 전개하는 회사가 되었다.

소프트뱅크는 2019년 2월 1일 도요타와 함께 미래의 이동수단을 만들고 통합하려는 목적의 새로운 회사를 만들기도 했다. 이 회사는 더 이상 개인이 차를 소유하지 않아도 되는 시대를 구상하며 발 빠르게 움직이고 있다. 차량이 소유 목적이 아닌 시대에는 주차장도 필요 없어지기에 불필요한 주차장을 이용한 농업 사업까지 구상하고 있다고 한다. 앞으로의 자동차는 자율주행 기능이 기본으로 탑재되어 교통사고가 거의 일어나지 않는 수준까지 발전한다고 한다. 그래서 이 회사에서는 자동차의 외부 소재도 무거운 철강 제품이 아닌 합성수지로 만들어질 변화까지 생각하고 있다고 한다.

2019년 5월 도요타는 또 하나의 협업 뉴스를 발표했다. 파나소닉과 함께 미래의 주거 공간을 만들기 위한 주택 사업 프로젝트에 뛰어든 것이다. 집을 만들어서 팔겠다는 생각이 아닌 마을을 새롭게 만들어 삶의 질을 높이겠다는 비전을 가진 회사를 만들었다. 물론 이 마을에서는 소프트뱅크와 함께 만든 MaaS 전기 자동차가 활보할 것이고, 파나소닉의 IoT 서비스들이 통합될 예정이다.

우리나라의 어벤져스

전 세계적으로 히트한 영화 〈어벤져스〉에서는 '타노스'라는 무시무시한 악당에 맞서 지구를 지키기 위해 초인적인 능력을 가진 친구들이 함께 싸운다. 일본의 협업 전략을 보면 마치 어벤져스의 히어로들이 모이는 장면을 보고 있는 것 같다. 사람들이 더 살기 좋은 새로운 세상을 만들기 위해 각 분야에서 가장 뛰어난 회사들이 힘을 모아 싸우러 가는 그런 장면이 떠오른다.

우리나라에도 아주 우수한 회사들이 많이 있다. 배터리를 잘 만드는 LG화학이나 삼성 SDI, 세계 최초로 5G를 상용화한 SK, 자동차를 잘 만드는 현대기아차, 이런 회사들이 모여 협업을 통해 테슬라보다 더 뛰어난 멋진 전기차를 만들면 어떨까?

협동을 잘할 수 있는 사람은 앞으로 우리나라에 꼭 필요한 인재가 될 것이다. 개성을 가진 사람들을 모아서 새로운 일을 만드는 사람', 앞으로는 이런 인재가 최고의 몸값을 받게 될 날이 올 것이다. 아니 그런 날이 멀지 않았다.

COO라는 명함

대학원에서 함께 공부했던 선배 중에 CCO Chief Collaboration Officer 명함을 갖고 계신 분이 있다. 그분은 사람들과 만날 때마다 그 사람의 전문 분야에 대해 귀 기울여 듣고 그 내용을 바탕으로 새로운 일을 만들거나 다른 사람과 연결해주는 일을 한다. 신기하게도 그분과 만나서 이야기하다 보면 새로운 아이디어가 떠오르며, 시간이 빛의 속도로 흐르는 기분이 들 정도로 몰입하고 있는 나를 발견하곤 한다. 그분에게는 크게 3가지 장점이 있다.

- 첫째, 상대의 이야기를 진심을 다해 듣는다.
- 둘째, 궁금한 내용은 바로 질문하고 의견을 교환한다.
- 셋째, 긍정적으로 이야기를 리드해 나간다.

최근에는 다양한 정보가 쏟아지고 있으며 해야 할 일 또한 너무나 많다. 이제 정보를 독식하며 혼자 일하는 시대는 지나갔다. 함께 일할 수 있는 환경을 만드는 것이 무엇보다 중요해졌다. 같이 일할 사람들을 주위에 많이 만들어 놓고, 서로의 필요에 따라 협력하여 결과를 만들어내는 능력이 중요해졌다.

사람이 기본적으로
해야 할 일

인싸 아이템, 인사

사람이 해야 하는 일

人事: 사람 인人 + 일 사事 = 사람의 일

사람이 기본적으로 해야 할 일, 사람이 반드시 해야 할 일, 그것은 무엇일까? 우리가 매일 하는 '안녕하세요?' 같은 인사人事는 사람의 일, 즉 사람이 꼭 해야 하는 기본적인 일이다. 인사가 얼마나 중요한 일이기에 사람의 일이라는 이름을 붙였을까?

자유롭게 경쟁하는 현대 사회에서는 효율성이 무척 중요하다. '얼마를 투자해서 얼마를 획득할 수 있는가'에 대한 관심은 회사뿐만 아니라 개인 누구나 갖고 있을 정도로 중요하다. 그렇다면 사람이 할 수 있는 일 가운데 가장 작은 것을 투자해서 가장 큰 것을 얻어낼 수 있는 것은 무엇일까? 아마도 '웃음이 있는 인사'가 아닐까 싶다. 인사를 하는 데는 그리 많은 에너지가 필요하지 않다. 우선 얼굴에 온화한 미소를 띠고 목을 살짝 숙이며 마음에서 우러나오는 몇 마디를 하면 최고의 인사가 만들어진다.

인사가 미치는 경제적 효과

동네 앞 상가에 비슷한 가격대의 분식집 두 곳이 나란히 있다. 한곳은 오랫동안 그 자리에서 장사를 하고 계신 아주머니의 가게이고, 새로 생긴 가게는 젊은이들이 차린 분식 체인점이다. 나는 당연히 오랜 단골을 확보하고 있는 아주머니의 분식점이 100% 승리할 거라고 믿었다. 그래서 '분식 체인점이 무모한 도전을 했구나'라고까지 생각했다. 하지만 내 생각과 달리 고객의 발걸음은 전혀다른 곳으로 향했다. 오래된 분식집은 손님이 오면 아주머니가 TV를 보다가 "뭐 줄까?"라고 말하는 가게다. 하지만 새로 생긴 곳은 손님이 들어가면 젊은 친구들이 일제히 "안녕하세요? ○○○입니다"라고 응대하는 가게다.

어느덧 1년이 지나면서 두 가게의 승부가 갈린 듯하다. 분식 체인점에서 하는 인사는 마음에서 우러나오는 인사라기보다는 근무 매뉴얼에 따른 인사일 것이다. 아무리 매뉴얼이라도 그 첫 응대에서 두 가게의 승부가 이미 결정된 게 아닌가 싶다. 그 누구도 오래된 가게에 "첫 인사가 중요해요!"라고 말해주지 않았을 것이다. 그렇지만 고객은 자기도 모르는 사이에 냉정하게 평가를 내렸다.

우리가 하는 인사도 마찬가지다. 인사 안 한다고 그 사람에게 불평을 하는 사람은 거의 없다. 그렇게 말할 용기 있는 어른도 더 이상 없다. 하지만 모든 사람들은 각자 타인에 대한 평가를 알게 모르게 하고 있다. 그 평가의 한 부분 중에 '인사'는 꽤나 큰 자리를 차지하고 있다. 아무리 오래된 맛집이라도 새로 생긴 작은 가게의 '인사'라는 작은 무기 때문에 무너질 수 있다는 것을 잊지 말자.

인사 잘하는 조직

경제가 발전한 나라에 가보면 인사에 인색하지 않다. 유럽에서는 아무 카페나 식당에 들어가도 대부분 친절한 밝은 미소와 함께 인사를 건넨다. 가까운 일본은 너무나 과분한 인사 때문에 마음이 불편할 정도다. 물론 가끔은 인사에 인색한 식당을 만나기도 한다. 속마음은 따뜻한데 표현하지 못하고 있는 것일 수도 있다. 하지만 그 마음을 표현하지 않으면 아무 소용이 없다.

지속적으로 성장하고 있는 회사에는 인사를 잘하는 직원들이 많다. 말하는 분위기나 응대하는 모습도 언제나 밝다. 그런데 어떤 회사는 담당 직원이 자리에 없으면 전화를 받지 않거나, 담당 직원과 미팅을 할 때 인사를 생략하고 바로 업무 이야기를 진행하기도 한다. 그러면 나도 모르게 이 회사와 거래를 해야 할지 의구심이 들기도 한다.

가정도 마찬가지다. 우리 가족은 이웃과 마주칠 때마다 먼저 인사를 한다. 처음에는 어색했지만, 지금은 서로 반갑게 인사를 나누는 사이가 되었다. 옆집 어른들은 인사 잘한다고 아이들 칭찬을 많이 해주신다. 그렇게 만들어진 호의적인 분위기로 엘리베이터에서 수십 초를 보내고 나면 출퇴근길이 무척 상쾌하고 마음도 밝아지는 것 같다.

인사를 하면 다음 세 가지를 얻을 수 있다.

1. 상대에게 좋은 인상을 갖게 되어 인간관계가 좋아진다.
2. 상대와 '대화의 계기'가 마련된다.

3. 자신과 상대의 긴장을 풀어줄 수 있다.

인사가 별 거라고 생각한다면 아주 큰 오산이다.

생활의 기본

수 신 제 가 치 국 평 천 하

혼란한 업무를 해결하기 위한 순서

'수신제가 치국평천하修身齊家 治國平天下'는 '몸과 마음을 닦고 수양하여 집안을 안정시킨 후에 나라를 다스리고 천하를 평정한다'라는 말이다. 중국 4서의 하나인 《대학大學》에서 올바른 군자의 자세를 강조하며 나왔던 말이다. 요즘 시대에는 '치국' 대신 '회사 업무' 혹은 '자신의 생업'을 대입할 수 있을 것이다. 회사의 리더에게는 그 나름의 '치국'이 있고, 공부하는 사람에게도 그 나름의 '치국'이 있다. 작은 가게를 경영할 때도 마찬가지로 '치국'이 있다. 결국 평화로운 세상을 만들기 위해서는 개개인의 활동영역 안에서 '치국 혹은 치업治業'을 이루어야 한다고 생각한다. 좀 더 쉽게 풀이를 해보면 이렇다.

"몸이 닦인 후에 집안이 바르게 된다. 집안이 바르게 된 후에 업무가 다스려진다. 업무가 다스려진 후에 천하가 태평해진다."

하고 있는 일이 어려워지거나 혼란에 빠졌을 때 스스로의 몸을 단정히 가다듬고 가정이 잘 돌아가고 있는지 한번 점검해보는 것은 어떨까?

수신, 중요한 일을 하기 전에 하는 일들

어떤 계기에서 이런 생각을 했는지 기억나지는 않지만 회사일이 잘 안 풀리거나, 큰일을 앞두고 걱정이 생길 때는 '수신제가 치국평천하'를 생각하며 우선 몸을 깨끗이 하고 있다. 머리가 복잡하거나 신경 쓰이는 일이 많아지면 목욕탕에 가서 때를 밀거나 손톱 정리를 한다. 중요한 미팅이 생기거나 복잡한 업무가 얽혀 있을 때면 이발을 하거나 운동을 하면서 나를 다스리는 작업을 한다. 이 사회를 앞두고 있거나 중요한 미팅에서 발표하기 전에는 작정하고 몸무게를 2,3kg 정도 줄이기 위해 술을 자제하는 것도 나름의 유익한 '수신'의 방법이다.

우리나라에서는 자기계발서가 꾸준히 팔린다고 한다. 요즘에는 자기계발에 지친 사람들이 많아져서인지 '자기위로서'라는 장르의 책이 나와 인기를 끌고 있다. 자기계발하다 지치면 위로를 받고, 위로를 받다가 지치면 다시 자기계발로 이어지는 식이다. 모두가 자신의 내면을 가꾸기 위해서 책을 읽는다. 최근 52시간 근로제가 실시되면서 책 읽기나 운동, 외국어 공부에 시간을 투자하며 수신에 더욱 힘쓰는 사람들이 늘고 있다. 많은 사람들은 제 각각의 방식으로 자신을 가꾸고 만들어간다. 인생의 목적이 '수신'에만 있다면 얼마나 쉽고 간단할까. 하지만 우리는 거기에 더해 더 좋은 사회를 만들어야 할 의무가 있다.

제가, 존경받는 지도자의 공통점

'수신'에서 '치국 혹은 치업'으로 가는 길에는 '제가齊家'라는 항목이 있다. 하지만 아무리 주변을 둘러봐도 제가를 체계적으로 공부하거나 실행하는 가정이 보이지 않는다. 우리는 분명 수신에는 투자를 많이 하면서 제가에는 별로 신경을 쓰지 않는 것 같다. 그렇기 때문에 '평천하' 하기 어려운 것 아닐까?

제가의 제齊라는 글자에는 다음과 같은 뜻이 있다.

1. 가지런히 잘 만들다.
2. 같게 하다.
3. 바라던 대로, 잘 정리된 상태로 있다.

우리 대부분은 가족이 있다. 가족과 심하게 싸우거나 상처를 준 날에는 직장 업무에 집중하거나 활기차게 일하기가 무척 힘들다. 부부 싸움을 심하게 하거나 부모님의 건강이 안 좋다는 소식을 들으면 하루 종일 불안하다. 마음 한구석에 자리잡은 그런 문제는 중요한 순간에 고름이 터지듯 우리를 더 힘든 상황으로 내몰기도 한다.

독일 최초로 여성 총리에 선출된 앙겔라 메르켈은 2005년부터 지금까지 국민의 무한한 지지와 사랑을 받으며 독일을 성장시키고 있다. 2006년 취임 1주년을 맞이한 메르켈 총리가 독일 일간지와 인터뷰하면서 말한 내용이 무척 인상적이었다. 그녀는 총리직을 수행하면서도 남편의 아침 식사를 손수 차려주는 일을 변함없이 해 오고 있다고 밝혔다. 메르켈 총리는 "그 일은 나에게 중요하고 즐거운 일이며 남편도 이런 나의 행동을 이해하고 있다"라고 덧붙였다. 최근에도 그녀가 손수 가족의 식사를 위해 빵과 식재료를 구입하는 모습을 볼 수 있다고 한다. 그녀가 오랜 기간 총리로 일할 수 있는 이유도 '수신과 제가'의 영향이 크지 않을까 생각해본다. 전 미국 대통령 오바마는 자신의 업적 중에 가장 자랑스러운 일을 "'사샤'(둘째 딸)와 '말리아'(첫째 딸)의 아빠가 된 것"이라고 했다. 오바마 전 대통령의 전직 수행원에 따르면 그는 오후 6시 반만 되면 하던 일을 뒤로하고 가족과 함께 식사하러 갔다고 한다. 그는 늘 '자녀 중심의 아버지'를 소망했고 '저녁이 있는 삶'을 위해 일주일에 5번 이상 저녁식사를 가족과 하겠다고 참모들에게 선언하기도 했다. 이처럼 오바마 대통령은 나라의 일 못지 않게 가정의 일을 소중하게 여기고 둘의 균형을 실천했다.

옛말에 '안에서 새는 바가지는 밖에서도 샌다'라는 말이 있다. 밖에서 열심히 일하고 인정받고 싶다면 먼저 집안부터 챙겨야 한다. 몸을 단정히 하고 가정을 평안하게 해야 밖에서의 일도 잘 풀리는 법이다.

최근 많은 정치인들이 가장 두려워하는 것은 다름 아닌 가정 문제라고 한다. 아무리 본인의 능력이 출중하고 열심히 일을 하더라도 가정에서 문제가 생기면 모두 헛수고가 되는 경우를 종종 볼 수 있다. 그러니 몸을 단정히 한 다음에는 가정을 평안하게 만들기 위해 노력해보자. 그러면 하는 일 또한 모두 잘될 것이고, 우리가 사는 세상도 더욱 평화롭게 만들 수 있을 것이다.

휴식

제때 잘 쉬어야 한다

왜 쉬어야 하는가?

우리는 매일 무언가를 지속적으로 하고 있다. 어떤 사람은 일을 하고, 어떤 이는 목표를 이루기 위해 공부를 한다. 가정주부는 해도해도 끝이 없는 집안일과 육아를 무한 반복한다. 이렇게 대부분의 사람들은 매일 반복해서 해야 하는 일이 있다. 우리는 그 일을 계속하기 위해 몸과 마음의 건강을 잘 챙겨야 한다. 그 챙기는 과정을 우리는 '휴식'이라고 부른다. 휴식을 취할 때 어떤 사람은 조깅이나 스트레칭처럼 가벼운 운동을 하는 경우도 있고, 좋은 음식을 먹으며 수다를 떨면서 쉬는 경우도 있다.

원하지 않을 때 쉬지 않으려면 꼭 제때 쉬어야 한다. 정말 열정적으로 일하고 싶을 때 몸과 마음이 말을 듣지 않으면 얼마나 아쉬울까? 그래서 우리는 제때 잘 쉬어야 한다.

가장 중요한 일과

주변을 둘러보면 '쉬는 것'이 무엇인지 잘 모르는 사람들이 많다. 쉬는 것을 사치라고 여기는 사람도 여럿 보았다. "잘 쉬고 계세요?"라는 질문에 선뜻 "예, 잘 쉬고 있습니다"라고 대답할 수 있는 대한민국 성인이 과연 몇 %나 될까? 우리 사회에는 아직도 쉬는 것을 부정적으로 바라보는 풍토가 남아 있는 것 같다. 이런 풍토는 우리 사회가 함께 고민하고 해결해야 할 문제가 아닌가 한다.

주말에도 인맥 관리를 위해 등산이나 골프를 하거나 단지 사람들과 만나기 위해 독서 모임에 나가거나 외국어 스터디를 하고 있다면 과연 그 시간은 진정 자신을 위한 '휴식'의 시간일까? 혹은 저녁에 친구들과 부동산이나 정치인 스캔들에 대해 이야기하며 술 한잔 하는 시간이 정말 자신을 위한 휴식의 시간일까? 내 생각에는 오히려 정신적인 스트레스를 받는 경우가 많을 것 같다.

내가 가장 좋아하고 귀중하게 여기는 시간은 아침이다. 해가 뜨기 시작할 때 동네를 산책하며 음악을 듣거나, 팟캐스트에서 다양한 분야 사람들의 이야기를 들으며 이런저런 생각과 계획을 세우는 시간을 무척 사랑한다. 아침 산책은 나를 지탱하고 있는 가장 큰 축 중 하나이다. 이 시간이 없었더라면 아마 글 쓰는 일은 엄두도 못 냈을 것이고 회사에서의 일도 정리하지 못한 채 매일 시간이라는 파도에 휩쓸려 다녔을지 모른다.

노르웨이에서 배운 계획적인 휴식

지금 다니는 회사에서는 모든 직원의 일과표를 공유하고 있다. 직원들의 연차 대부분은 1월초에 그 계획이 정해진다. 우리 회사 직원들은 결혼기념일에는 대부분 쉬고, 그날을 회사 일정표에도 공유한다. 아무도 이 날은 건들지 말라는 선전포고처럼 말이다. 결혼기념일 즈음해서 며칠씩 휴가를 내고 여행 가는 직원들도 상당히 많다. 가족 생일도 대부분 휴가를 미리 신청해 놓는다. 징검다리 휴일이나 가족 행사 같은 일정에 미리 연차를 신청해 놓는 모습을 볼 때면, '이 사람들은 쉬기 위해 일하는 구나!'라는 생각이 들기도 한다.

상대적으로 빈약한 자원을 가진 우리나라는 사람이 곧 자원이다. 노르웨이처럼 쉬기 위해 일하는 것(?)까지 따를 수는 없지만, 일을 잘하기 위해 잘 쉬는 지혜는 필요해 보인다.

주말에 골프 약속을 잡았는데 갑자기 내린 비로 취소가 되면, 대부분은 무얼 할지 몰라 하다가 그냥 집에서 TV를 시청하거나 침대에 누워 SNS를 하며 시간을 보낸다고 한다. 이렇게 원래 계획에서 벗어난 휴식은 오히려 스트레스를 높일 수 있다. 하지만 갑작스런 휴식 시간이 생겼을 때 미리 하고 싶은 버킷 리스트를 만들어 놓는다면 휴식의 질을 높일 수 있다.

요즘에는 아내 생일이나 남편 생일에 연차 휴가를 내는 사람들이 많아졌다. 그런 날에는 당당히 당일치기 여행을 가거나 연애 때 자주 가던 오래된 식당에서 추억을 더듬어도 좋을 것 같다.

고독한 휴식

사자나 독수리처럼 먹이사슬의 정점에 있는 동물들은 떼를 지어 다니지 않고 혼자 고독하게 다니는 모습을 흔히 볼 수 있다. 하지만 먹이사슬 정점의 바로 아랫단계 동물인 하이에나나 까마귀 등은 항상 무리를 지어 다닌다. 그 무리에서 떨어져 나오는 순간

비참한 최후를 맞는 영상도 종종 볼 수 있다. 인간 세계도 비슷하다. 예컨대 조폭들은 항상 떼로 다니면서 이것저것 간섭하고 힘을 과시한다. 하는 일이 구리고 나약한 존재들이기에 언제 비참한 최후를 맞이할지 두려워 항상 몰려다니는 것이다.

혼자 생각하고 경험한 시간이 많은 사람들은 내공이 깊다. 아이를 키워 본 사람들은 더 잘 알 것이다. 아이들이 혼자 골똘히 생각에 잠겨 공부하는 시간이 그 아이의 성장에 정말 귀한 시간임을. 성인도 마찬가지다. 무리에서 잠시 떨어져 나와 혼자 탐험하고, 생각하고, 해결하는 시간이 그를 더 강하게 만들고 자립할 수 있도록 돕는다.

우리나라 사람들은 고독을 무척 두려워 한다는 기사를 언젠가 본 적이 있다. 이는 아마도 '고독'과 '고립'을 오해한 데서 나온 생각이 아닐까 한다.

나는 고독한 휴식에서 그 사람의 진정한 가치가 나온다고 생각한다. 사람마다 혼자만의 시간을 보내는 방법은 모두 다르다. 낮잠을 자거나 아무 생각 없이 예능 프로그램을 보는 사람도 있지만, 서점에 가거나 오랫동안 만나지 못한 사람들에게 안부를 묻는 사람도 있다. 아무도 없을 때 혼자만의 시간을 어떻게 보내는지 스스로에게 물어보길 권한다. 고독한 휴식의 시간을 자신만의 방식으로 채울 수 있는 사람이 휴식을 진정으로 잘 다루는 사람이 아닐까?

1. 휴식은 정말 중요한 삶의 기본 요소다(쉽은 일을 더 잘하기 위한 보충제와 같다).

2. 휴식은 철저히 계획해야 한다(즉흥적인 휴식은 오히려 스트레스가 될 수 있다).

3. 휴식은 진화하며 업그레이드할 수 있다.

4. 혼자만의 휴식 시간을 자신을 마주보는 기회로 만들자.

단순함이 본질과 만나다

복 잡 한 사 람 과 단 순 한 사 람

복잡한 세상에서 복잡하게 산다

첫 책을 출간하고 얼마 지나지 않아 한 친구가 내 책을 들고 찾아왔다. 사인도 받고 육아에 대한 코치도 듣고 싶어 찾아왔다고 했다. 그 친구는 현재 직장에 다니면서 부동산 갭 투자와 주식 투자를 하고 있다. 그의 아내 또한 직장에 다니며 일본 소품을 한국에 소개하는 쇼핑몰을 준비 중이라고 했다. 최근에는 몇 달에 한 번씩 중고 외제차를 바꾸는 재미에 빠져 있다고 했다.

그러다가 그는 슬슬 화제를 바꾸더니 나에게 하소연하기 시작했다. "아이에게 좀 더 잘해주고 싶어서 이것저것 하고 있는데, 도대체 아이들이 잘 따라오지도 않고 점점 멀어지는 것 같아"라고 말하며 침통한 표정을 지었다. 주말이면 차를 타고 교외로 나가 좋은 식당에서 맛있는 음식을 먹고 놀이동산에도 간다고 했다. 그리고 배우고 싶다고 하면 피아노, 태권도, 발레, 수영까지 가리지 않고 다 배우게 해주는데도 아이들이 고마워하지도 않고 금방 싫증을 내더라는 것이었다.

나는 그 친구에게 너무 바쁘게 사는 것 아니냐고 말했을 뿐 별다른 조언을 해주지 못했다. 그 친구의 삶을 조금이라도 더 들여다보면 내 머리까지 너무 복잡해질 것 같아서 도망친 것 같다.

대부분 불필요한 것들

이탈리아의 경제학자 빌프레도 파레토는 우연히 개미를 관찰하다가 20%의 개미만 열심히 일하고 나머지 개미들은 생산성 없이 그저 돌아다닌다는 사실을 발견했다. 이어 이탈리아 인구의 20%가 전체 부의 80%를 가지고 있다는 통계를 확인하고 20대 80의 법칙, 일명 파레토의 법칙을 만들었다. 이는 우리 삶 전반에서 찾아볼 수 있다. 예를 들어 백화점 매출의 80%는 상위 20%의 고객에게서 나오며, 우리가 가지고 있는 옷 중 주로 입는 옷은 전체 옷의 20%이며, 스마트폰의 많은 애플리케이션 중 주로 사용하는 것도 약 20% 정도라고 한다.

며칠 전 회사의 컴퓨터를 새로 바꾸었다. 그동안 사용하던 컴퓨터의 자료를 외장 하드디스크에 옮기는데, 작업하던 전산 직원이 "요즘도 이렇게 많은 파일을 가지고 계시는 분이 있네요"라고 한마디 했다. 그날 내내 그 이야기가 마음에 쓰여, 새 컴퓨터로 바꾸면서 파일 정리를 시작했다. 내용이 같은 파일도 있고 업데이트 이전의 오래된 파일도 나왔다. 실제로 내가 잘 사용하는 것만 간추려보니 딱 20% 정도만 남았다. 그리고 그 20% 중에서도 반 이상을 클라우드에 올려놓으니, 새 컴퓨터는 날아갈듯 가벼워졌다. 그 속도에 다시 한 번 감탄했다. 이렇게 단순하게 만들면 가볍고 빨라진다. 컴퓨터가 그런 것처럼 우리의 마음과 생각도 마찬가지다.

단순하게 일하라

회사의 리더들이 일 년에 한 번 모이는 회의에 참가하면 급한 일에 대해서는 아무도 이야기하지 않는다. 그들은 급하지는 않지만, 미래를 위해 중요한 일에 대해서만 이야기한다. 그것이 리더의 모습이다. 내 삶의 리더는 나 자신이다. 지금 나는 급한 일만 열심히 하고 있을까? 아니면, 중요하지도 않고 급하지도 않은 일에 시간을 보내고 있을까? 혹은 이런 구분조차 하지 않고 시간에 끌려다니고 있을까?

역사를 살펴보면 복잡함에서 단순함으로 바뀌며 지속적으로 발전해 왔다는 것을 알 수 있다. 복잡한 것은 전쟁에서 패하게 만들며, 산업에서는 가격을 높이고 효율을 떨어뜨린다. 인류 최고의 과학자인 아인슈타인은 "어떤 지적인 바보라도 사물을 더 크고 보다 복잡하게 만들 수 있다. 그러나 그 반대편으로 나아가기 위해서는 천재의 손길과 많은 용기가 필요하다(Any intelligent fool can make things bigger and more complex. It takes a touch of genius and a lot of courage to move in the opposite direction.)"라고 하며 단순함에 대해 강조했다.

초기의 컴퓨터는 창고만 한 사이즈였고 전력도 무지막지하게 소비했다고 한다. 하지만 초기 컴퓨터보다 성능이 몇백 배 좋은 스마트폰은 주머니에 들어가는 사이즈인 데다 조약돌만 한 배터리로 운용하는 수준으로 발전했다. 기업의 운영도 마찬가지다. 어느새 우리 기업에 1위 자리를 빼앗긴 일본 가전 기업들도 그들의 패배 원인을 '복잡성'이라고 말하고 있을 정도로, 복잡한 것은 기업을 쇠퇴시키는 큰 요인이기도 하다.

그렇다면 개인의 복잡성은 어떨까? 우리는 얼마나 개인의 복잡성에 대해 관심을 갖고 있을까? 거래처 직원들과 협업을 할 때면 종종 그 사람이 사용하는 컴퓨터의 바탕화면을 보곤 한다. 어떤 직원은 바탕화면에서 필요한 정보를 찾는 데 시간이 한참 걸린다. 반대로 잘 정리된 폴더를 통해 필요한 자료를 금방 찾는 사람도 있다.

단순한 바탕화면을 가진 사람과 같이 일하면 매사가 명확하고 처리도 빠르다. 하지만 복잡한 바탕화면을 가진 사람들과 일하면 준비가 부족해서인지 즉흥적인 업무 처리가 많고 답변 시간도 무척 느리다.

단순한 사람들은 목표를 명확하게 바라보는 장점이 있고 집중하게 만든다. 하지만 복잡한 사람들의 경우 종종 목표를 벗어나 다른 방향으로 초점을 흐리는 경우가 있다. 이는 개인의 경우뿐만 아니라, 회사 조직이나 가정에서도 마찬가지이다. 단순하려면 우선 하지 말아야 할 일과 만나지 말아야 할 사람, 가지고 있지 않아도 되는 물건, 습관들을 잘 구분해서 정리할 수 있어야 한다. 불필요한 것이 많아지면 단순한 집중에 방해되기 때문이다.

이렇게 단순함에 집중하는 사람들은 적게 일하고 많이 번다. 회사를 다니며 주식에 펀드에 부동산 거래까지 하는 사람들은 주말에도 인맥 관리를 이유로 등산이나 골프를 다니며 분주하게 산다. 그냥 주말에는 책 한 권 읽으며, 가족과 함께 충분히 쉬는 것이 그 사람을 더 명확하게 만들어주지 않을까 생각해본다.

화려하고 바쁜 삶도 좋지만, 결국 단순함에 집중하는 삶을 이기지는 못할 것이다.

4장

공부의 기본

"기본에 충실해야 일등이 된다."

-거스 히딩크

성인의 공부

공부를 멈추면 성장도 멈춘다

공부에 관한 바보 같았던 생각 세 가지

첫 번째, 1993년 고등학교 졸업식 날, 이제 더 이상 공부하지 않아도 된다는 자유를 얻은 것 같아 너무나 기뻤다. 그러나 이 날의 기쁨은 내 인생에서 가장 바보 같은 착각이었다. 40대 중반에 이른 지금도 나는 공부를 하고 있으니까 말이다. 그것도 즐기면서 하고 있다. 고등학교 시절의 공부와 다른 점이라면 누가 시켜서 하는 공부가 아닌 나의 '지적 호기심'에 이끌려 그리고 업무의 필요 때문에 스스로 시간을 내어 하고 있다는 점이다. 공부가 즐거운 행동이 되었다.

두 번째, 뒤늦게 입학한 대학교 졸업을 앞두고 나는 이미 일본 방송국과 은행 그리고 종합상사 취업이 결정되었다. 중학교 1학년 때부터 영어를 포기했던 나는 무역학과 전공필수 과목인 '무역영어'를 4년째 낙제하고 있었다. '무역영어' 한 과목 때문에 졸업도 못하고 그토록 원했던 취업이 취소될 수도 있다는 두려움에 4학년 마지막 학기를 긴장하며 힘들게 보냈다. 결국 교수님의 배려로 무사히 통과할 수 있었던 나는, 이제 내 인생에 영어 공부는 더 이상 없을 것이라 확신했다. 그런데 지금 나는 매일 본사와 영어로 업무를 처리하고 있고, 어떤 유명한 영어 강사보다 더 열심히 딸에게 영어를 잘 가르치는 아빠가 되기 위해 노력하고 있다. 아이와 함께 영어 공부 책을 출판하고 싶은 꿈도 갖고 있다.

세 번째, 대리로 진급했을 무렵 나중에 팀장이나 임원이 되면 더 공부할 필요 없이 근사한 비즈니스 모임에 참석만 하면 되는 것으로 알았다. 하지만 지금 한 회사의 '지사장'이 되고 보니 이 자리를 지키기 위한 공부가 절실해졌다. 신입사원 시절의 나를 만나면 꿀밤이라도 한 대 때려주고 싶을 정도로 지금 나이가 되고 나서야 '공부는 죽을 때까지 하는 것'이고, '공부가 즐겁다'라는 사실을 깨닫게 된 것이다.

만약 내가 중학교 혹은 고등학교 때 이를 알았더라면 지금보다 더 나은 삶을 살았을지도 모르지만 지금이라도 이 사실을 알게 되어 다행이라고 생각한다.

공부하는 이유

'학교 다닐 때는 왜 그렇게 공부가 싫었을까?'

몇 가지 이유가 있겠지만 우선 내가 별로 관심이 없거나 좋아하지 않았던 과목이 많았다. 게다가 주입식 교육이 나랑 맞지 않았다고 생각한다. 그런데 나이가 들수록 새로운 것을 배우는 것이 점점 좋아지고 있다. 정말 신기한 일이다.

'왜 나는 공부를 좋아하게 되었을까?'

곰곰이 생각해보니 그 이유를 다음과 같은 다섯 가지로 정리할 수 있었다.

1. 먹고살기 위해서 (업무, 일, 새로운 미래 직업)
2. 다른 사람과 교류하고 즐거움을 나누기 위해서 (기초 수준의 대화를 위한 지식)

3. 나의 지적 호기심을 채우기 위해서 (요리, 역사, 전자기기, 오디
   오, 이태리 가곡)

4. 공부해서 남에게 나누어주려고 (교육학, 유아교육, 청소년 상
   담, 시골마을 재생)

5. 나와 가족의 행복을 위해서 (책 쓰기, 개인의 취미, 아이들 교육)

굳이 이렇게 다섯 가지로 구분을 했지만, 실제로는 이렇게 구분
할 필요가 없는지도 모른다. 모든 것이 교집합으로 맞물려 있다는
생각이 들기 때문이다. 무역학과를 졸업하고 현재 무역업에 종사
하고 있는 내가 최근에는 환경 문제나 환율과 블록체인까지 공부
하고 있는 것을 보면 공부의 경계가 점점 없어지는 세상이 다가오
고 있는 것 같다.

이렇게 공부를 이어오다 보니 공부란 교과서로 하는 것이 아닌
살아가면서 생기는 '필요'와 '지적 호기심'에 따라서 하는 것이 진
짜가 아닌가 생각하게 되었다. 그리고 공부가 힘들고 어려운 것이
아니라는 생각, 즉 공부에 대한 부담을 잊고 여유를 갖게 되었다.

공부와 성장

고등학교 이후로 지적 성장이 멈춰버린 친구들을 종종 본다. 아마 그들은 입시 공부만 열심히 하다가 대학에 입학한 이후에 공부와 멀어진 부류일 것이다. 그들의 지식은 현재 하고 있는 업무 관련 지식을 제외하면, 고등학교 시절과 비교해 크게 달라진 것이 없는 것 같다. 과거의 시야, 가치관, 깊이에 머물러 있는 몇몇 친구들의 모습을 보면서 이것이야말로 입시 교육이 낳은 부작용이 아닐까 하는 생각을 해본다.

한번 공부를 멈추고 나면 새로운 길을 걸어가는 것이 무척 두려워진다. 남들 사는 대로 출퇴근하며 일하다 집에 와서는 TV를 보거나 목적 없는 취미 생활에 빠지곤 한다. 공부를 한다고 해도 영어회화나 승진을 위한 공부일 뿐 본인이 원해서 공부하는 경우는 거의 없다.

반대로 학창 시절 공부는 좀 못했지만, 사회에 나와서 자신의 일이나 호기심을 쫓아 꾸준히 지식의 폭과 깊이를 더해가는 경우를 종종 볼 수 있다. 장사를 하면서 그 분야에 대한 공부를 계속하거나, 본인이 진정으로 좋아하는 분야를 뒤늦게 발견해 그 꿈을 이뤄 나가는 사람들은 항상 공부하는 자세가 갖춰져 있는 사람들이다. 이런 사람들은 공부가 스트레스가 아니라 호기심을 해결하려는 모험과도 같다. 이들은 아마도 부모로서도 회사 직원으로서도 그리고 한 인간으로서도 지속적으로 성장할 것이다. 즉 공부를 멈추면 성장도 멈추는 것이 성인의 법칙이 아닐까 싶다.

존경받는 사람에게는 '지적 호기심'이 많다는 공통점이 있는 것 같다. 그들은 질문도 많이 하고 그래서 그런지 아는 것도 많다. 음식에도 관심이 많고 그림이나 역사에도 조예가 깊다. 성인이 되어서도 꾸준히 공부를 즐기는 사람은 매번 새로운 '자신'을 발견할 수 있어 삶이 더 풍요로워질 수밖에 없다.

지금부터라도 알고 싶었던 새로운 분야에 대해 공부하며 새로운 인생을 위한 모험에 나서 보면 어떨까?

Self R&D

버 티 는 삶 과 바 라 보 는 삶 의 차 이

어디까지 바라보며 살고 있을까

오늘만 바라보며 버티는 사람이 있는가 하면, 1년 뒤를 바라보며 사는 사람도 있다. 5년, 10년 뒤를 생각하며 사는 사람도 있다. 소프트뱅크의 손정의 회장은 《300년 왕국의 야망》이라는 책에서 300년 후 소프트뱅크라는 회사의 모습을 생각하는 거대한 시야를 보여준다. '오늘 우리는 어디까지 바라보며 살고 있을까.'

OECD에서는 R&DResearch and Development를 '인간·문화·사회를 망라하는 지식의 축적분을 늘리고 그것을 새롭게 응용함으로써 활용성을 높이기 위해 체계적으로 이루어지는 모든 창조적인 활동'이라고 정의하고 있다.

가끔 뉴스에서 유럽이나 일본의 강소기업에 대한 기사를 읽는데, 그들은 특별한 고유의 기술로 거대한 세계 시장에서 한 자리를 꼿꼿하게 지키고 있다. 이들이 가진 공통점은 수익의 많은 부분을 마케팅이나 홍보가 아닌 R&D에 투자하고 있다는 점이다.

지금 우리나라가 반도체와 휴대폰으로 돈을 벌고 있지만, 그 제품을 만들기 위한 원천기술이나 소재는 일본이나 미국 기업에서 공급하는 경우가 많아서 그들의 이익과도 직결되어 있다. 그들은 반도체 강국이 한국이 되든 중국이 되든 상관없다. 그런 회사들이 과연 반도체만 바라보고 있을까? 아마도 그들은 지금의 호황을 이용하여 더 멀리 그리고 더 높이 바라보며 새로운 무언가를 위해 열심히 달리고 있을 것이다.

우리나라에서도 생산되는 페로망간Fe-Mn이라는 제품이 있다. 이 제품을 만들 때 나오는 분진은 비중이 무겁고 색깔이 붉은 것이 특징이다. 1970년대에는 이 분진을 모두 공기 중에 날려 보내 대기 오염에 악영향을 끼치기도 했다. 하지만 어느 유럽 회사가 1980년부터 이 분진을 시멘트와 잘 섞어서 값싼 붉은 벽돌을 만들어 내는 데 성공했다. 이제까지 버리거나 공기 중으로 날려 보내던 부산물을 상품화시켜서 큰돈을 벌게 된 것이다. 이 회사는 그 수익을 이용하여 특허 종료 후에도 사용할 수 있는 방법을 개발하기 시작했다. 분진으로 벽돌을 만드는 특허가 종료되어 여기저기에서 붉은 벽돌을 만들고 있지만, 이 회사는 분진을 이용해 석유 시추에 도움이 되는 윤활제를 만들어 더 큰 이익을 얻고 있다. 최근에도 분진을 활용할 수 있는 새로운 기술을 다양한 각도에서 개발하고 있다고 한다.

이처럼 강한 기업들은 미래를 내다보면서 기술 개발에 힘을 쏟는다. 그렇게 노력한다면 경쟁자가 별로 없는 독점적인 시장을 만들어 안정적으로 갈 수 있다. 하지만 단기적인 이익만 노리고 기술 개발이 아닌 홍보나 마케팅에만 투자한다면 어느새 온 사방이 경쟁자로 둘러싸일 것이다.

오래되고 맛있는 식당은 홍보를 하지 않는다. 간판도 자주 교체하지 않고 방송에도 출연하지 않지만 손님들이 줄을 잇는다. 하지만 맛이 별로인 식당은 음식 이외의 것들에 치중한다. 물론 이런 노력이 잠시 고객을 끌어올 수는 있지만, 긴 시간 지속되지는 못할 것이다. 새로운 경쟁자가 생기면 결국 가격 싸움으로 이어져 쉽게 망할 수도 있다.

개인도 마찬가지다. 깊은 내공이 있는 사람은 굳이 자신을 알리는 데는 관심이 없고 우직하게 일을 밀어붙인다. 회사 내에서든 밖에서든 모든 것을 잘 정리하고 한 발짝씩 나아간다. 자신만의 특별한 분야와 역할을 갖고, 그것이 무엇인지 분명히 이해하고 지속적으로 그 역량을 개발하는 데 시간을 투자한다.

R&D는 등한시한 채 마케팅과 홍보에만 너무 힘을 쏟는 회사가 있다. 이런 회사는 자신의 장점을 키울 생각은 하지도 못하고 유행에 따라 바삐 상품을 출시하고 알리느라 늘 분주하다. 이래서는 회사의 성장을 기대하기 어렵다.

R&D를 잘하는 회사는 지속적으로 미래의 먹거리를 찾고 있다. 삼성의 이건희 회장 역시 현역 시절 1등 기업의 자리에 있으면서도 늘 위기감을 느끼며, '10년 뒤 먹거리'를 찾기 위해 노력했다. 소프트뱅크의 손정의 회장도 항상 미래 산업과 300년 후의 회사를 생각하며 일을 하고 있다.

"미래를 위해 현재 하고 있는 R&D 활동에는 어떤 것이 있습니까?"라는 질문에 곧바로 대답할 수 있다면 인생의 큰 그림을 그리며 계획적으로 살고 있는, 목표가 명확한 사람일 것이다. 만약 현재 하고 있는 R&D 활동이 없거나 생각조차 해보지 않은 사람이라면, 한번 자신을 재점검하는 시간을 만들어 보자. 나이의 많고 적음을 떠나서 '내 인생에 더 이상 새로운 것은 없어!'라고 생각하는 사람은 아마 R&D의 필요성을 느끼지 못할 것이다.

깊이 파려면 넓게 파야 하고, 멀리 보려면 높이 올라가야 한다. 내 꿈의 크기를 가늠해보려면 꼭대기까지는 올라가 봐야 하지 않을까.

넓게 사는 법

좋아하는 일을 더 잘하고 싶은 욕망

사람들은 저마다 취미가 있다. 특별한 취미가 없더라도 자신을 돋보이게 하기 위해 본능적으로 좋은 가방이나 예쁜 옷을 가지려는 욕구가 있다. 운동을 즐기는 어떤 사람은 운동 도구나 장비를 갖추는 데서 재미를 느끼기도 한다. 컴퓨터 게임을 좋아하는 사람은 한정판 제품을 구하기 위해 발매일 전날 판매점 앞에서 밤을 새우기도 한다.

내 취미는 요리다. 돈이 많이 들지 않는 취미라고 생각할지도 모르지만, 의외로 돈이 많이 든다. 칼도 고급 요리용으로 따로 구입했고, 좋은 그릇을 사러 덴마크에 다녀오기도 했다. 요리에 관심이 커질수록 많은 비용을 투자하게 된다. 캠핑도 마찬가지이고 등산도 그렇다. 최근에는 지인에게서 "낚시 도구에 눈을 뜨면 집안이 망할 수도 있다"는 얘기도 들은 적이 있다.

이렇듯 우리는 좋아하는 일을 찾으면 더 잘하기 위한 튜닝 작업을 시작한다. 좋은 장비를 갖추면 더 잘할 수 있을 것 같은 자신감이 생기고 실제로 더 잘하게 되기도 한다. 흡사 돌도끼를 쓰는 원시인과 철로 만든 칼로 싸우는 철기인처럼 큰 차이가 나는 경우도 있다.

나는 지식을 쌓고 새로운 세계를 탐구하는 데 있어 가장 큰 튜닝 방법은 언어 배우기라고 생각한다. 언어를 하나 배우면 새로운 세상이 하나 열린다. 영어처럼 많이 쓰는 언어라면 많은 정보를 쉽게 접할 수 있을 것이고, 많이 쓰지는 않지만 노르웨이어 같은 특별한 언어라면 전문성과 새로운 기회를 얻을 수 있을 것이다.

이처럼 언어는 사람을 새로운 세계로 안내하는 신비한 역할을 한다. 해리 포터가 열심히 마법 언어를 배워 신비로운 세계에서 활약하는 것처럼 우리도 새로운 언어를 습득하면 전혀 다른 가치관으로 새로운 세계를 들여다볼 수 있다.

언어는 새로운 세계로 들어가는 마법의 문

많은 사람들이 해외여행을 즐긴다. 이제는 단지 즐기는 것에서 벗어나 해외에서 새로운 무언가를 배우려는 사람이 늘어나고 있다. 아이에게 좀 더 넓은 세상을 보여주기 위해 해외에 나가는 부모도 많아졌다.

새로운 세계로 들어간다는 면에서 언어 배우기와 여행은 비슷한 것 같다. 그러나 언어 배우기는 짧은 여행을 훨씬 뛰어넘는 큰 매력이 있다. 언어를 배우면 단순히 보면서 느끼는 것보다 더 많은 것을 내 것으로 만들 수 있다.

내가 to 부정사와 동명사의 의미 차이를 이해한 것은 30대 중반이 되어서였다. 지금 다니는 노르웨이 회사로 전직하기 위해 처음 진지하게 영어 공부를 시작했을 때였다. 그 후로 10년이 지난 지금 영어로 대화하고 이메일로 소통하는 것에 익숙해지면서 왜 좀 더 일찍 영어를 공부하지 않았을까 많이 후회했다.

만약 중학생 시절로 돌아갈 수만 있다면 다른 공부는 뒷전으로 하더라도 컴퓨터와 영어를 충분히 공부하려고 노력했을 것이다. 30년 넘도록 영어를 전혀 못했던 사람이 영어 예찬론자가 된 이유는 오직 한 가지다. 막상 배워 보니 '정말' 좋았기 때문이다.

영어를 잘하면 해외여행을 다녀도 자신감이 넘친다. 한마디도 못하면서 다니는 사람과 이것저것 질문해가며 다니는 사람의 차이는 크다. 더 편한 길로 다닐 수 있고, 더 맛있는 것을 즐길 수 있으며, 더 좋은 것을 찾을 수 있다.

그리고 영어에 능숙하면 정보를 얻는 크기도 달라진다. 국내 사이트에서 찾는 정보와 전 세계 인터넷을 돌아다니며 찾는 정보의 크기는 비교할 수 없을 정도로 차이가 있다. 이 차이는 어떤 문제가 생겼을 때 초등학교 교과서를 들고 문제를 해결하려는 사람과 컴퓨터로 검색하며 문제를 해결하려는 사람의 차이 정도가 되지 않을까 싶다.

그런데 언어는 이런 것보다 더 큰 선물을 우리에게 준다. 그것은 바로 문화나 가치관 같은 '다른 생각'을 경험할 수 있게 해준다는 것이다.

새로운 언어를 배우는 것은 자신에게 새로운 세계관을 선물해주는 것이다. 새로운 언어는 우리를 새로운 세계로 안내하고, 새로운 인생의 맛을 보여주기도 한다.

적극적 공부, 능동적 공부

공부는 내가 하는 것

한국이 IT 강국이 된 이유와 맥도날드

우리나라가 IT 강국이 된 것과 일본 맥도날드 사이에 관련이 있다는 이야기를 들어본 적이 있는가?

일본에서 가장 존경받는 경영자 중에 후지타 덴藤田 田이라는 사람이 있다. 그는 1971년에 맥도날드 햄버거 체인점을 일본에 처음 열었던 사람이다. 그는 맥도날드를 일본에 소개할 때 McDonald's와 가장 가까운 일본어 표기인 'マク-ダ-ナルズ(마크다날즈) 혹은 マク-ダ-ヌルズ(마크다널즈)'로 하지 않고 본사의 반대를 무릅쓰고 'マクド-ナルド(마크도나루도)'라고 했다. 이는 3:3 운율을 맞추기 위해서였다. 그리고 그가 계산대의 높이를 92센티미터로 정한 것은 그 높이가 일본인이 주머니에서 돈을 꺼내기 가장 편한 높이였기 때문이라고 한다. 음식을 즐기는 여러 식감 중에서 흡입하는 힘과 스피드도 중요하다고 생각한 후지타 덴은 밀크셰이크의 점도와 빨대 굵기를 사람이 가장 맛있다고 생각하는, 아기가 엄마의 모유를 먹을 때 흡입하는 강도와 스피드에 맞춰 결정하기도 했다. 그의 이런 경영 이야기는 많은 사람들에게 영향을 미쳤다.

1974년 시골에 살던 한 학생이 이런 이야기가 담겨 있는 후지타 덴의 책 《유대인 상술》을 읽고 감동한 나머지 어떻게든 후지타 사장과 만나겠다는 꿈을 꾸었다. 상식적으로 시골에 사는 고등학생이 유명한 경영인을 만나겠다는 것은 무모한 꿈이라고 할 수 있다. 하지만 그 학생은 몇 번이나 편지를 보내고 비서실에 전화를 하며 후지타 사장을 만나고 싶다고 간절하게 부탁했다. 번번이 거절을 당하던 어느 날, 그 학생은 무작정 비서실에 전화를 걸고는 지금 당장 사장님을 만나러 갈 것이라고 일방적으로 통보했다. 그는 비서에게 지금부터 자신이 하는 이야기를 메모지에 적어 사장님에게 보여 달라고 간청했다. 그 메모의 내용은 다음과 같았다.

"저는 사장님의 책을 읽고 감동했습니다. 꼭 한번 만나뵙고 싶습니다. 사장님께서 바쁘시다는 것은 잘 알고 있습니다. 단지 얼굴만 보는 것으로도 만족합니다. 딱 3분 동안 사장실에 있게만 해주신다면 그것으로 만족합니다. 저는 옆에 선 채로 사장님의 얼굴만 바라보고 있겠습니다. 눈을 마주치지도 않을 것이고 아무 말도 걸지 않을 것이기에 사장님께 방해가 되지는 않을 것입니다."

그 학생은 비서가 메모를 잘 적었는지 확인하며 "이 메모를 사장님이 보시고도 저를 안 만나주신다면 깨끗이 포기하고 돌아가겠습니다"라고 했다. 그런데 놀랍게도 후지타 사장은 이 학생에게 15분의 면담을 허락했고 그 학생과 마주 앉았다.

"제가 이번에 미국으로 유학을 가는데 어떤 것을 배우면 좋을까요?"

"지금 컴퓨터는 이 방의 크기보다 크지만, 앞으로는 점점 작은 컴퓨터가 나올 것이고 더 나아가 개인들이 각자 컴퓨터를 사용하는 날이 올 것이니 컴퓨터를 배우시오."

1974년 미국으로 건너간 그 학생은 후지타 사장의 권유대로 컴퓨터를 공부했고, 일본으로 돌아와 컴퓨터 사업가가 되었다. 사업가로 크게 성공한 그는 1997년 IMF로 경제가 어려웠던 우리나라에 찾아와 막 취임한 김대중 대통령과 만났다. 그는 대통령과 만난 자리에서 한국의 발전을 위해서는 '고속 인터넷'으로 경쟁력을 키

위야 한다고 강력히 주장했다. 김대중 대통령은 그 사업가의 조언에 따라 인터넷에 집중했고 한국을 인터넷이 가장 빠른 나라로 변신시켰다.

대부분 짐작했겠지만 그 사업가는 바로 일본 소프트뱅크의 손정의 회장이다. 손정의 회장은 항상 자신이 존경하는 사람의 행동을 분석하고 자기 것으로 만들기 위해 노력하는 사람이었다.

공부의 스승

만약 존경하는 인물이 있다면 어려움에 빠지거나 곤란해졌을 때 '그분이라면 지금 어떻게 행동했을까?'라고 생각하며 그의 경험을 잠시 빌려올 수 있어 많은 도움이 될 것이다. 교만한 사람은 주변에 스승이 별로 없어 배우지 못하는 사람이고, 겸손한 사람은 항상 주변으로부터 배움을 얻어 자기 것으로 만들어가는 사람이다. 언제나 마음속에 존경하는 인물이 있고, 그 인물을 흠모하며 닮고 싶다고 생각하는 것은 정말 올바른 태도이다. 만약 내 주변에 닮고 싶은 사람이 한 명도 없고, 모두 적이나 형편없는 사람들만 있다면 배움의 기회가 많이 줄어들어 성장하기 어려울 것이다.

예전에 출간된《대통령을 키운 어머니들First Mothers》이란 책에는 미국 역대 대통령의 어머니 11명의 자녀 교육 이야기가 담겨 있다. 이 책에 등장하는 어머니들의 가장 큰 공통점은 자녀 교육을 하면서 독서에 많은 시간을 할애했으며, 특히 위인이나 인물과 관련된 책을 많이 권했다는 점이다. 어려서 많은 위인들의 이야기를 접한 아이들은 그들을 통해서 세상을 바라보고 꿈을 키워나갔을 것이다.

돌이켜보면 나 역시 군대 시절 남는 시간에 책을 읽기 시작하면서 많이 달라졌다는 것을 알고 있다. 그때는 유독 성공한 기업인의 책을 많이 읽었다. 세계 각국의 성공한 기업인들의 이야기를 읽으며 언젠가 나도 저런 큰 회사에서 일하고 싶다는 꿈을 꾸었다. 해외 출장을 다니며 유창한 영어로 비즈니스 하는 모습을 상상하기도 했다. 하지만 현실의 내 모습을 떠올리고는 매번 실망하며 '노력해도 안 되겠지?' 하고 단념하기도 했다.

그렇지만 나는 그 꿈을 향해 정말 작은 발걸음이었지만 한 걸음 한 걸음씩 나아갔다. 결국 시간이 지나고 보니, 그때 꾸었던 꿈들이 어느새 모두 이루어져 있었다. 일본어와 영어로 비즈니스 미팅을 하며, 한 달에 두 번 이상 비즈니스 클래스를 타고 해외 출장을 다니는 성공한 비즈니스맨이 되었다. 지금의 나를 만들어준 것은 군대 시절 흠뻑 빠져서 읽었던 수많은 기업인들의 이야기가 아닐까 생각한다.

독서와 지적 호기심

남이 만든 멋진 인생을 맛보는 즐거움

인생의 터닝 포인트

앞에서 말한 것처럼 내 인생의 전환점은 군대 시절이었다. 좀 더 정확히 말하면 군대에서 시작한 독서였다. 주말에 특별한 일이 없으면 부대 내에 있는 작은 도서관에서 하루를 보냈다. 군대에서 읽은 책들은 대개 '진중문고'의 도서들이었다. 진중문고는 병사들이 읽으면 좋을 만한 책들을 모아 놓은 것이라 소설보다는 교양서나 위인 이야기가 대부분이었다. 특히 나는 한국 근대 위인들의 이야기가 무척 좋았다. 나도 그들처럼 되고 싶다는 주제넘은 생각을 하며 그 시간을 즐겼다.

책을 진지하게 읽으면 그 내용이 내 몸속으로 들어오는 것처럼 느껴질 때가 있다. 그 내용은 내 몸 어딘가에 웅크리고 있다가 필요할 때마다 생각이나 아이디어로 나타나기도 했을 것이다. 그리고 내 안에서 여러 책의 내용이 만나 시너지 효과를 내면서 나를 멋진 성장의 길로 이끌었다고 생각한다.

이렇게 읽은 책의 내용이 몸에 축적되면서 존경하는 인물의 행동을 자연스레 모방하거나 실천하며 삶의 태도나 사고방식이 조금씩 변하고 있음을 느꼈다. 누군가가 내 인생의 터닝 포인트를 묻는다면 주저 없이 말할 수 있다. 군대 시절 작은 도서관에서 저마다의 보석 같은 이야기를 품고 나를 기다리던 책을 만났던 순간이라고.

요리를 하려면 우선 그 맛을 알아야 한다

내 취미 중 하나는 요리다. 식재료를 준비하고 음식을 만들어 사랑하는 사람들과 함께 먹는 시간은 나를 정말 즐겁게 한다. 요리라는 취미는 좋은 점이 무척 많다. 특히 요리에는 한계가 없다는 것이 너무 좋다. 처음에는 오랜 시간 이탈리아 식당에서 아르바이트를 했던 경험 덕분에 이탈리아 음식을 주로 만들었다. 그러다 몇 년 전부터 업무 차 자주 다니는 중국의 음식에 매료되어 최근에는 중국 음식을 많이 만들고 있다.

요리에서 가장 중요한 것은 무엇일까? 최고로 중요한 것은 우선 '남이 만든 맛있는 음식을 먹어본 경험이 많아야 한다'가 아닐까 생각한다. 여러 번 먹어봐야 그 맛을 따라 할 수 있는 수준에 오를 수 있기 때문이다. 한 번도 먹어보지 못한 요리를 만드는 것은 불가능하다. 비단 요리뿐만이 아니다. 만약 한 번도 해보지 않은 것을 하려고 하면 수많은 시행착오와 실패를 거듭해야만 근처까지라도 다가갈 수 있을 것이다.

우리도 인생이라는 맛있는 요리를 만들기 위해 우선 남이 만든 요리(성공한 사람들의 인생이 담긴 책)를 맛보면 어떨까. 남이 만든 멋진 요리에서 아이디어를 얻어 나만의 요리를 시작한다면 더욱 쉽고 즐겁게 맛있는 요리를 만들 수 있지 않을까.

독서: 남의 경험 들여다보기

"어리석은 자는 경험에서 배우고, 현명한 자는 역사에서 배운다"라는 말은 약 200년 전 독일을 통일한 비스마르크Otto von

Bismarck가 했다는 명언이다. 사실 원문의 내용은 조금 다르다. 실제 원문(독일어)과 비슷한 영어 표현은 "Fools say they learn from experience; I prefer to learn from the experience of others"이다. "자신의 아픈 실수에서 배우는 것보다 타인의 실패에서 배우는 것이 낫다"라는 의미에 가까운 것 같다.

물론 경험을 통해 직접 배우는 것은 우리의 삶에 유익하다. 하지만 어떤 경험은 아주 큰 정신적, 경제적 피해 혹은 생명의 위험을 감수해야 하는 경우도 있다. 이런 이유가 아니라도 역사나 타인의 경험으로부터 배우는 것은 무척 중요하다고 생각한다. 자신의 눈으로 보고 실제 경험하는 것도 중요하지만 타인의 시각과 성공과 실패의 경험에서 더 큰 통찰력을 얻을 수도 있기 때문이다.

독서: 지적 호기심의 출발

이처럼 무엇을 시작할 때 바로 실행에 옮기기 전에 독서를 통해 먼저 경험해보는 것도 무척 유용하다. 먼저 경험한 사람들의 이야기는 쉽게 새로운 길의 출발점이 될 수 있다. 물론 비용도 적게 들고 위험도 줄어든다.

최근 친구 가족과 함께 집에서 식사를 했다. 내가 요리하는 모습을 본 친구는 며칠 뒤 요리에 관심이 생겼다며 요리 학원에 등록하고 싶다고 했다. 3개월에 50만 원 정도 하는 인기 많은 학원을 찾았는데 어떻게 생각하느냐며 나의 의견을 구했다. 나는 요리책을 먼저 읽고 해본 다음에 학원에 다닐지 말지를 정하는 게 좋을 거라고 충고했다. 이후 다시 만난 친구는 직접 요리를 해보니 자기 적성과 맞지 않는다는 것을 깨달았다며, 그 시간에 맛있는 식당을 더 찾아다니고 싶다고 했다.

한편 어떤 지인은 호기심에 접한 와인 만화책을 통해 와인의 새로운 세계를 경험했다. 그 책을 읽고 그 지인은 자신이 잘할 수 있고 좋아할 수 있는 일을 발견했다고 판단하고, 현재 와인 전문가 과정을 밟고 있다.

독서는 비용이 적게 들지만, 글을 읽으며 자신의 생각을 마음껏 펼칠 수 있다는 장점이 있다. 그래서 나는 주변 사람들에게 자주 독서를 추천하곤 한다. 관심 가는 분야의 책을 한두 권씩 읽다 보면 어느새 책의 매력에 빠질 것이고 그만큼 세상이 넓어질 거라 생각한다.

표준화를 넘어선 공부

남들 다 하는 공부가 아닌, 자신의 공부하기

분체 박람회 그리고 분체 써클

"세계 분체 박람회라고?"

입사한 후 얼마 지나지 않았을 때, 회사 선배로부터 박람회 견학을 가자는 이야기를 들었다.

'분체(한 개체가 거의 같은 크기의 둘 이상의 개체로 나뉘는 일)? 그걸로 박람회를 할 수 있나?'라고 생각했던 나는 박람회장에 들어가는 순간 의외의 광경에 깜짝 놀랐다. 박람회 규모가 내가 생각했던 것보다 훨씬 컸던 것이다.

우리 회사는 금속괴Lump를 분쇄해서 10에서 500미크론 단위로 만들어 고객에게 판매하는 회사다. 그 분쇄 방식에 따라 제품의 화학반응이 다르게 나타난다는 선배의 설명을 들으며 전시회장을 돌았다. 분체는 단지 금속뿐만 아니라 곡물과 섬유 분쇄 등 일반 사람들은 상상하기 어려운 다양한 분야에서 사용되고 있었다. 그리고 분체를 하는 작업(밀링)의 종류도 볼밀, 샤크밀, 제트밀, 롤밀 등 무척 많았다. 게다가 분체 작업 후 그것을 이송하는 방식도 수십 수백 가지 방법이 있었다. 선배와 나는 전시관을 돌아다니다가 세계에서 가장 기술력이 좋다는 독일의 어느 분체업체 부스에서 선배의 지인과 만나 이야기를 나눴다.

그때 그 부스에 서너 명의 고등학생이 들어왔다. 그들이 입고 있는 옷에는 '○○ 공업고등학교 분체 서클'이라고 적혀 있었다. 그걸 보고 속으로 이건 뭐지 하는 생각이 들었다. '분체 서클이라고?'

그 고등학생들은 우리와 이야기하던 선배의 지인과 그 회사 직원들에게 다가가 깍듯이 인사했다. 그런 다음 독일 기술자들

에게 영어로 새로운 기술에 대해 전문용어를 섞어가며 질문하기 시작했다. '고등학생이 입시 준비는 안 하고 무슨 용기로 저런 서클에 들어가서 저러고 있을까? 분체가 그렇게 재미있나?' 떠오르는 대로 이런저런 생각을 하고 있는데, 선배의 지인이 자신도 같은 서클 출신이라고 자랑스럽게 이야기하는 게 아닌가. 그러면서 저 서클 친구들은 고등학교를 졸업하고 독일 회사에 입사해 6년 동안 독일 대학과 기술학교를 회사 지원으로 다니게 된다고 설명해주었다. 그런 다음에는 일본 지사에서 근무하기도 하는데, 요즘 서클의 인기가 점점 떨어져서 고민이라는 푸념까지 했다. 나는 속으로 '만약 내 아이가 본인 스스로 진로를 정하지 못한다면 이런 길도 있다는 것을 알려줘야겠다!' 하는 생각을 했다.

표준화된 교육 시스템이 만들어낸 제품

우리나라는 6.25 전쟁 이후 급속도로 빠른 산업화 과정을 밟았다. 그리고 부모 세대의 노력과 국가 정책으로 교육도 점차 표준화되어 최근에는 대학교까지 의무적으로 다니는 분위기가 형성되었다. 심지어 가고 싶은 회사도 이름난 대기업이나 외국계 기업 혹은 공무원 등으로 대부분 비슷해졌다. 이처럼 우리의 교육과 직업은 표준화 혹은 균일화 단계를 거쳤기 때문에 그것에 맞는 결과를 얻어야 정품처럼 인정받고 그 과정에서 벗어나거나 낙오되면 불량품이라는 인식이 강해졌다. 특히 지금의 30~40대는 이런 교육이 근간을 이뤘던 시기에 학교를 다녔던 세대다. 이들은 나중에 이런 현실을 깨닫더라도 새로운 일에 도전하는 것을 어려워하는 사람이 여전히 많은 것 같다.

하지만 요즘 젊은이들은 조금씩 새로운 방향으로 변화하는 모습을 보이고 있다. 유튜브 크리에이터가 되기도 하고, 인터넷으로 본인이 좋아하는 제품을 팔면서 생계를 해결하거나 좋아하는 일을 직업으로 삼는 이들이 늘어나고 있다.

몇 년 전까지만 해도 '덕후'라는 단어는 부정적인 이미지로 많이 사용되었다. 아마도 표준화되고 균일화된 교육의 관점에서 바라봤을 때는 불량품처럼 보였기 때문일 것이다. 그러나 요즘에는 '덕후'가 점점 더 어떤 분야의 전문가라는 이미지로 바뀌고 있음을 느낀다. 좋아하는 것에 몰두하는 것이 자기 분야를 공부하는 것이 되고, 그것으로 경제적 자립을 이룰 수 있다면 그것만큼 행복한 경우는 없을 것이다. 이렇게 아주 작은 분야의 '덕후'가 되어 즐기면서 꾸준히 공부한다면 자신의 경쟁력도 높일 수 있다.

'덕후'가 자라면 '히든 챔피언'이 된다

'히든 챔피언Hidden Champion'은 독일의 경영학자 헤르만 지몬이 처음 만들어낸 용어이다. 말 그대로 잘 알려지지 않은 강소기업을 말한다. '히든 챔피언'이 되기 위한 조건은 다음 세 가지이다.

첫째, 시장 점유율에서 세계 시장 1~3위 또는 해당 대륙에서 1위인 기업
둘째, 매출액이 40억 달러 이하인 기업
셋째, 대중적 인식이 낮은 기업

헤르만 지몬이 2017년 독일 프랑크푸르트에서 발표한 '히든챔피언'의 국가별 상황을 정리한 코트라 자료에 따르면 전 세계에는 총 2,734개의 히든 챔피언 기업이 존재한다. 이 중 47.8%에 해당하는 1,307개 기업이 독일 기업이다. 이어 미국이 366개, 일본이 220개, 오스트리아가 116개로 그 뒤를 이었다. 한국은 23개였다.

히든 챔피언의 국가별 현황을 보면 독일과 미국, 일본이 세계 1~3위를 차지하고 있다. 이 나라들의 공통점 중 하나는 '덕후'가 많다는 점이다. 그리고 표준화된 공부가 아닌 자신만의 공부를 할 수 있는 환경이 잘 갖춰져 있다. 일본도 우리와 비슷한 입시제도를

운영하고 있지만 서클 활동 등을
통해 다양한 분야를 접할 수 있도
록 하고 있다. 특히 전문화된 기술
과정의 중고등학교가 많은 것도
특징 중 하나다.

박람회에 같이 다녀온 선배의
아들은 초등학교 6학년이다. 그
아이는 자동차를 너무 좋아해서
나중에 자동차 엔지니어가 되는
것이 꿈이라고 한다. 그 아이는 그
꿈을 이루기 위해 일본에서 가장
들어가기 힘든 도요타공업학원(고

국가별 히든 챔피언 수

독일	1307개
미국	366개
일본	220개
오스트리아	116개
스위스	110개
이탈리아	76개
프랑스	75개
중국	68개
영국	67개
스웨덴	49개
네덜란드	29개
폴란드	27개
한국	23개

헤르만 지몬, 2012년 말 기준

등학교 과정)을 목표로 공부를 시작했다. 도요타공업학원은 도요
타 생산 현장에 투입될 기술 인재들을 직접 양성하는 곳인데, 최
근에는 AI와 자율주행 그리고 자동차 문화 같은 새로운 커리큘럼
을 최고의 강사들로부터 배울 수 있다고 한다. 이처럼 일본에는 기
업들과 연계된 전문 기술을 공부할 수 있는 과정이 많이 개설되어
있다.

성인도 '영재'가 될 수 있다

아이들 모두가 국영수 중심의 입시 덕후가 되다 보니 국가 산업 발전에도 한계가 있을 수밖에 없다. 화학 덕후, 금속 제조 덕후, 자동차 배기 관련 덕후, 전기로 운용 덕후 등 다양한 분야의 덕후가 많아지면 우리나라의 제조업도 훨씬 발전할 수 있을 거라는 상상을 해본다.

주변에는 영어 공부나 독서 모임에 참가하면서 속으로 '나도 공부 좀 하고 있구나'라고 생각하며 안도감을 느끼는 사람들이 있다. 이제 그런 공부는 그만하고 자기만의 공부를 찾아서 시작해보면 어떨까. 남에게 보여주기 위한 공부가 아닌 자신을 위한 공부 말이다.

너무 오랫동안 자신을 위한 공부를 못 해본 사람에게 자신을 위해 공부하라는 말은 오히려 근심을 안겨주는 일일 수 있다. 하지만 조금만 더 생각해보자. 자신이 정말 몰입해가며 즐길 수 있는 공부가 무엇인지, 그리고 그 공부로 무엇을 얻을 수 있는지. 육아도 좋고, 아이들 교육도 좋다. 아니면 요리도 좋고 가구 만들기도 좋다. 흥미를 끄는 새로운 분야를 발견하고 그것을 본격적으로 공부하고 몰입한다면 당신은 이미 그 분야의 '영재'라 할 수 있을 것이다.

나는 '영재'라는 단어의 새로운 표현이 '덕후'가 아닐까 생각한다. 영재는 공부나 악기 등의 분야에 주로 쓰이지만, '덕후'는 모든 분야에 적용 가능하다고 생각한다. 오늘부터 어떤 분야의 영재가 될 수 있을지, 내 가슴을 뛰게 하는 일은 어떤 것인지, 그런 상상을 하는 즐거운 시간을 만들어 보기 바란다.

세계화 그리고 세계 문화

노르웨이를 잘 아는 사람

북유럽 3국을 구분할 수 있을까?

북유럽 3국인 노르웨이, 핀란드, 스웨덴의 차이점을 명확하게 알고 있는 사람은 우리나라에 그리 많지 않다. 국기도 비슷하고 사람도 비슷비슷하게 생겨서 관심을 갖지 않으면 구분하기 어렵다. 마찬가지로 노르웨이나 북유럽 사람들도 한국과 중국 그리고 일본을 제대로 구분하지 못한다. 놀랍게도 세 나라를 '형제의 나라'나 '비슷한 언어를 사용하는 나라'라고 생각하는 사람도 만난 적이 있다.

노르웨이 회사를 다닌 지 10년이 넘다 보니, 노르웨이에 방문할 기회가 수십 번 있었다. 그곳에 갈 때마다 그들의 신선한 문화를 접하며 노르웨이를 새롭게 알아가는 재미를 느끼고 있다. 노르웨이 사람들이 어떻게 부유해졌고, 국가의 장관이 육아 휴직을 사용할 정도로 가정적인 분위기인 이유는 무엇인지 등 그들의 문화를 알아가는 데 재미를 들여 노르웨이 뉴스를 종종 검색하기도 하고 동료들에게 물어보기도 한다.

개인적으로 노르웨이와 아이슬란드의 전기 사업에 큰 관심을 갖고 있다. 두 나라 모두 수력발전과 지열발전으로 필요한 전기 대부분을 생산하는 것으로 유명하다.

최근 세계의 가장 큰 환경 이슈는 북극의 빙하가 녹아내리는 속도가 무척 빨라지고 있다는 것이다. 2019년에는 그린란드 빙하가 20년 전보다 6배나 빠르게 녹아내렸다고 한다. 이런 이유로 앞으로 노르웨이와 아이슬란드의 청정 에너지 발전 관련 산업이 더욱 경쟁력이 생기지 않을까 하는 생각을 하며 종종 지인들과 어떤 주식이 오를까에 대해 이야기 나누기도 한다.

이렇게 노르웨이에 대해 지속적인 관심을 갖고 공부 아닌 공부를 하다 보니, 종종 신문이나 잡지에서 인터뷰 요청이 오기도 하고 주변 사람들과 즐거운 대화를 나눌 수 있는 재미있는 소재가 되기도 한다.

지역 전문가

우리나라 모 대기업에서는 1990년부터 지역 전문가 제도를 실시하고 있다. 이는 기존 업무에서 벗어나 1~2년간 외국에 체류하면서 현지의 사정을 깊고 넓게 배우는 제도이다. 이 제도에 참가한 직원은 현지 언어와 문화, 산업 등을 배워 말 그대로 해당 지역의 전문가로 성장한다고 한다. 한 나라의 문화와 배경을 이해하지 못하면 우리는 결코 그 나라에 대해 잘 아는 전문가라고 말할 수 없을 것이다.

몇 년 전 지인이 그 제도를 이용해 외국에 거주하다가 돌아왔다. 그 지인에 따르면 미지의 땅에서 스스로 살아가는 힘을 기르는 동안 파견된 나라의 역사와 문화 그리고 언어를 습득할 수 있어 결과적으로 회사에 기여할 능력을 키울 수 있었다고 한다. 가장 좋았던 점은 현지에 인적 네트워크를 구성하여 향후 사업에 도움받을 수 있는 발판이 생긴 것이라고 했다. 기업은 이 제도를 통해서 향후 그 지역에 인재가 필요할 경우 빠르게 대응할 수 있을 것이다.

최근에는 새로운 나라, 새로운 문화와 접할 수 있는 기회가 점점 늘어나고 있다. 예전과 비교하면 해외 연수 프로그램이나 지인들의 해외여행 소식도 정말 많이 늘었다. 실제로 직접 방문할 수 있는 기회가 점점 늘어나면서 예전에는 멀게만 느껴졌던 외국이 점점 가깝게 느껴지는 시대에 살고 있다.

Globalization

글로벌라이제이션Globalization, 즉 세계화世界化는 국제 사회에서 상호의존성이 증가함에 따라 세계가 단일한 체계로 나아가고 있음을 가리키는 말이다. 세계화가 가속화되면서 몇 년 전만 해도 생소하던 바질이나 고수, 로메인, 샬롯 같은 식재료를 동네의 웬만한 마트에서도 쉽게 구할 수 있게 되었다. 뿐만 아니라 이제 휴대폰으로 미국의 애플이나 아마존 주식도 손쉽게 구매할 수 있다. 심지어 MIT 같은 외국 유명 대학의 강의를 집에서 들을 수도 있다. 초등학교 3학년인 우리 딸도 칸아카데미Khan Academy에서 미국 수학 강의를 듣고 있다.

세계 경제는 앞으로 더 빠른 속도로 단일화를 향해 움직일 것이다. 현재 중국, 싱가포르, 일본, 홍콩과 함께 아시아의 상위권에 위치한 한국 경제는 10년 후, 30년 후에 어떻게 변화할까? 대만, 베트남, 태국, 말레이시아 등의 국가 산업은 어떻게 변화하고 있는지, 유럽이나 아프리카는 어떤 산업을 육성하고 있는지 등에도 관심을 갖고 지켜볼 필요가 있다.

세계화가 급속도로 진행되고 있는 요즘, 어쩌면 우리는 우물 안 개구리처럼 한국이라는 작은 나라에 갇혀 한정된 기회만 바라보고 살고 있지는 않은지 생각해볼 필요가 있다.

다른 업계에서 배우는 지식

한눈팔기도 필요한 시대

에코 챔버 효과

집에 있는 TV에서 사용하는 유튜브 계정은 우리 가족의 공동 ID로 설정되어 있다. 가끔 메일 확인을 하기 위해 휴대폰에서 가족 공동 ID로 접속하면 웃긴 일이 일어난다. 알림으로 새로운 만화영화 소개가 뜨고, 어느 쇼핑몰에서 새로운 장난감이 나왔다고 친절하게 알려준다.

가끔 아버지 컴퓨터가 말썽을 일으켜 도와드릴 때도 비슷한 상황이 벌어진다. 아버지가 사용하는 페이스북 계정과 유튜브만 보아도 요즘 아버지의 관심사나 주변 분들의 성향에 대해 잘 알 수 있다.

최근 자주 등장하는 에코 챔버Echo Chamber라는 용어가 있다. 말 그대로 녹음을 할 때 잔향감을 만들기 위해 인공적으로 메아리를 만들어주는 효과를 뜻한다. 에코 챔버를 사용하면 자신의 소리가 메아리가 되어 다시 돌아온다.

최근 우리는 인터넷 공간에서 자신과 비슷한 생각을 가진 사람들하고만 소통하는 경향이 번지고 있다. 친절한 인공지능의 등장으로 자신이 싫어하는 내용에서는 점차 멀어지고, 자신이 관심 있거나, 좋아하는 내용만 등장하게 하는 기능 때문에 점점 편향된 사고를 갖게 만드는 현상을 에코 챔버 효과라고 한다.

많은 사람들이 인터넷 쇼핑을 하고 SNS 활동을 하고 뉴스를 본다. 그런 데이터는 차곡차곡 보관되어 다시 우리에게 쇼핑할 물건을 추천하고 그와 관련한 뉴스를 보여준다. 그것들은 대부분 우리의 관심사 위주로 정리되어 있다. 어쩌면 이런 기능은 우리를 도와주는 것처럼 보이지만, 반대로 우리가 다른 곳을 바라볼 권리를 뺏고 있는 게 아닌가 하는 생각도 든다.

자석의 법칙, 유전의 법칙

자석에는 N극과 S극이 있다. 알다시피 자석은 같은 극끼리는 밀어내고, 다른 극끼리는 착 붙는 성질이 있다. 조금 다른 얘기이기는 하지만 주변에서 자신의 얼굴이나 성격과 반대인 사람에게 매력을 느껴 결혼하는 경우를 종종 볼 수 있다. 아마도 좋은 유전자를 남기기 위한 자연의 법칙 때문인지도 모른다.

나는 지금 18년 정도 철강과 금속 영업을 하고 있다. 철강, 금속 같은 소재 산업에서 일하다 보니 개인 소비자보다는 기업을 상대하는 경우가 대부분이다. 업무적으로 만나는 사람들도 대부분 비슷한 업종에서 일하는 사람이 많아서 최신 IT 동향이나 소비재 분야의 신제품 이야기보다는 환율이나 유가 그리고 전반적인 세계 경제의 흐름에 대해 이야기하는 경우가 많다.

소재 산업의 경기는 대략 몇 년 단위로 변한다. 그리고 소비재 산업보다는 완만한 곡선으로 변화한다. 반대로 최신 유행하는 산업을 보면 그 변화의 주기가 짧고 다채롭다. 변화의 곡선도 뾰족뾰족하여 언제 무슨 일이 일어날지 모를 정도로 변화가 심하다.

그러다 보니 고객 중심 산업이나 IT 관련 분야에서 일하는 사람들과 만나면 같은 사건이라도 새로운 가치관과 시각에서 이야기하는 걸 들을 수 있다. 나는 때로 그런 만남이 기다려질 때가 있다.

IT 업계에서 일하는 친한 후배와의 만남도 그렇다. 그 후배를 만날 때면 나는 일부러 내 생활 패턴에 대해 시시콜콜 이야기한다. 왜냐하면 그 후배가 전문의처럼 나에게 딱 맞는 업무 스킬에 대한 처방을 내려주기 때문이다.

예컨대 "형, 요즘은 속도나 호환성 때문에 익스플로러가 아닌 크롬을 많이 써요." 이런 식이다.

한번은 아침 동네를 산책할 때마다 책 내용을 구상하면서 휴대폰 메모장에 적는다고 했더니, "타이핑하지 말고 구글 킵Google Keep에 녹음하세요"라고 알려주기도 했다. 나는 그런 정보를 알려주는 후배를 만나는 일이 너무 좋다. 아침에 구상한 아이디어를 구글 킵에 녹음하면 자동으로 문서화되기 때문에, 출근한 후 그 내용을 글로 수정하는 작업을 단 몇 분만에 완료할 수 있다.

이렇게 나는 종종 내가 일하는 업무의 세계를 떠나 다른 업종 사람들을 만나서 많은 것을 배운다. 〈골목식당〉이라는 프로그램에서 경영인의 마음가짐을 배우기도 하고, 새로 생긴 동네의 '작은 서점'에서 자영업계의 생존력을 배우기도 한다. 다른 업계 혹은 다른 생각을 품고 있는 사람과의 만남은 언제나 배울 것으로 가득하다. 여러분도 경계심을 풀고 배운다는 자세로 다양한 사람들과 만나는 자리를 늘려보면 어떨까.

5장

업무의 기본

"성공은 마법도 신비도 아니다.
성공은 지속적으로 기본을 행한 자연스런 결과다."
−짐 론

일의 정의

나는 왜, 무엇을 하고 있는가?

What is your occupation?

보통은 성인이 되어 일을 시작한다. 모두 각자에게 맞는 직업을 찾아 일을 하면서 성인으로서의 본격적인 성장을 꾀한다. 우리는 인생의 3분의 1을 일을 하며 보낸다. 대략 하루에 8시간, 35년이라고 계산하면 약 62,440시간을 일을 하면서 시간을 보내는 것이다. 들이는 시간만큼 일은 성인에게 정말 중요하다.

하지만 많은 성인들은 일의 정의나 그 의미를 생각할 겨를도 없이, 단지 돈을 따라가는 불나방처럼 이곳저곳 기웃거리며 사람들이 많은 곳으로 쉽게 몰려든다.

최근의 공무원 시험 경쟁률만 봐도 많은 사람들이 자신의 주관에 따른 선택이 아니라 남들을 따라가고 있다는 것을 알 수 있다. 꿈의 직업이라 불리는 의사조차도 자신의 직업에 매우 만족한다는 답변이 단 7.6%에 불과했고, 전반적으로 만족하고 있다는 답변도 50.8%밖에 되지 않았다(인터엠디intermd 〈2018년 대한민국 의사 직업만족도 조사〉2018 Medical Doctor Career Satisfaction Index 참고). 즉 의사 가운데 2명 중 1명만이 자기 직업에 만족해하고 있는 실정이다. 이런 결과는 아마도 일에서 의미를 추구한 것이 아니라 그 일에서 얻을 수 있는 수입이나 조건을 보고 선택한 결과가 아닐까 싶다.

지금 다니고 있는 직장에 만족하는 사람은 과연 얼마나 될까. 본인이 원하는 직업을 찾기 위해 애쓰고 있거나, 본인이 진정 원하는 일을 하고 있는 사람은 얼마나 될까. 이런 질문을 받고 선뜻 "나는 지금 하고 있는 일에 만족하고 있어"라고 답할 수 있는 사람은 흔치 않다.

비행기를 타면 입국 서류에 기입하는 Occupation 항목이 있다. 통상적으로 상대방의 직업을 영어로 물을 때도 "What is your occupation?"이라고 질문한다. 이상하다? 직업은 Job 아닌가? 하지만 실제로는 Job의 동의어인 Occupation을 많이 사용한다. 왜 그럴까? Occupation을 사전에서 찾아보니 '직업', '점령'이라 적혀 있다. 동사는 Occupy로 '점령하다, 차지하다'라는 뜻이 있다. 이렇게 보면 서양에서는 직업이 어떤 일을 점령하고 있거나 차지하고 있음을 의미한다는 사실을 알 수 있다. 우리는 회사에서 어떤 업무를 점령하거나 차지하고 있을까?

너만 할 수 있는 일을 만들어라

무역학과를 졸업하고 처음으로 큰 무대라고 할 수 있는 한 종합상사의 도쿄 지사에서 근무하게 되었을 때, 나를 아끼던 한 선배가 이런 이야기를 자주 해주었다.

"너만 할 수 있는 일을 만들어라."

"어떤 새로운 일이 벌어지면 네 이름이 생각날 수 있게 해라."

나는 그 선배로부터 이런 이야기를 귀가 닳도록 들었다. 처음에는 '나만 할 수 있는 일이 있을까?'라고 스스로에게 되물었지만, 어느 정도 시간이 지나고 나서는 그 말에 담긴 의미를 알게 되었다. 그리고 그 의미를 내 것으로 만들자 너무나 편하고 즐겁게 일할 수 있게 되었다.

처음 내가 담당한 업무는 크게 두 가지였다. 하나는 한국에서 들어온 제품을 여러 창고에 쌓아놓고, 대형 고객(일본의 자동차 회사)이 주문할 때마다 출하하는 업무였다. 다른 하나는 일본 고객들에게 전화하거나 방문해서 한국산 제품을 소개하는 업무였다.

종합상사에 들어가기 몇 년 전에 작은 회사를 세워 1인 무역업을 했던 경험이 있었는데, 그때는 재고 정리나 분류 등을 엑셀 프로그램의 기능을 활용해서 처리했다. 그런데 전산화가 더 잘 되어 있어야 할 종합상사에서는 매일 출근한 후 현재 재고 상황을 팩스로 받아 일일이 확인한 후 퇴근 전에 똑같은 작업을 한 번 더 하는 방식으로 관리하고 있었다.

그래서 나는 재고 관리 담당자에게 한국측 데이터와 일본측 데이터를 모두 엑셀 파일로 받을 수 있는지 물어본 다음에 양쪽 모두에게 받을 수 있다는 답변을 얻었다. 그러고는 일주일 만에 엑셀 프로그램을 이용하여 아침저녁으로 두세 시간씩 걸리던 업무를 10분만에 마칠 수 있게 만들었다. 그때 붙인 파일 이름이 '전체파일'이었는데, 15년도 훌쩍 지난 지금까지도 그 파일 이름을 그대로 사용하고 있다고 한다. 업데이트된 항목도 많지만, 기본적인 틀은 내가 만들어 놓은 그대로 사용한다는 말도 들었다.

또 다른 업무였던 신규 고객 개발은 모두 거의 불가능하다고 여기고 있던 일이었다. 일본의 특성상 기존 거래처를 바꾸는 것을 별로 반기지 않는 분위기였고, 품질 걱정까지 안고 있던 한국산 제품을 전화 몇 통으로 교체하게 만드는 것은 이제까지의 경험에서 볼 때 불가능한 일이라고 모두들 생각하고 있었다.

나는 먼저 철강협회를 방문해서 주요 판매처가 담긴 철강 관련 업계 전화부를 구매했다. 그리고 각 업체의 판매 가능성을 숫자로 표시한 다음 엑셀 프로그램에 정리했다. 그런 다음 한국 제품을 소개하고 싶다고 일일이 전화를 걸어 방문 요청을 했지만 번번이 거절당했다. 그래서 작전을 바꿔 제품 소개가 아닌 '인사차 방문' 해도 되겠냐고 부탁했는데 이것까지 마다하지는 않았다.

음료수 한 박스를 사들고 업체에 찾아가 명함을 교환하고 아무런 제품 소개 없이 한국산 제품과 한국 내 철강 시장에 관해 내가 아는 내용을 내내 떠들다가 돌아왔다. 그렇게 몇 번 하다 보니 자연스레 한국 제품의 가격 변동이나 중국산 제품에 대한 소문 그리고 일본 철강 상사로부터 들은 소문을 이곳저곳 전하러 다니게 되었다. 실제 거래는 없었지만, 가끔씩 방문해서 차도 얻어 마시고 저녁 시간에는 종종 맥주도 한잔 하면서 이런저런 이야기를 나누는 관계가 되었다.

그렇게 1년 정도 하고 나니, 정말 적은 양이지만 주문이 들어오기 시작했다. 물론 한국산 제품이 저렴한 이유도 있었다. 그리고 불량 제품이 생겼을 때 명쾌하게 대응한 것이 신뢰로 이어지면서 주문 수량은 점차 늘어갔다. 어떤 친한 거래처 사장님은 지인들에게 소개까지 시켜주셨다. 이렇게 이제까지 불가능하다고 여겼던, 맨

땅에 헤딩하는 식의 나의 영업은 조금씩 결과물을 만들어내고 있었다.

나만 할 수 있는 일, 가치 창조

나만 할 수 있는 일은 나의 가치를 만들어가는 일이다. 모든 경제 생산 활동은 A라는 원료를 넣어 B라는 결과물을 만들어내는 일이다. A라는 원료를 넣어 A라는 결과물을 만드는 일은 어쩌면 무의미한 일이다. 지금까지 나만이 할 수 있는 일을 발견하고 실험하면서 크게 세 가지의 가치 창조 방식을 확인할 수 있었다.

1) 무에서 유를 만드는 방법

맨땅에 헤딩하며 전화 영업을 했던 행동. 새로운 제품을 개발하거나 발명하는 것 또는 기존 방식을 완전히 새롭게 바꾸어 효율이나 능률을 높이는 업무.

2) 5를 투입해서 3을 만들거나 8을 만드는 숫자 변형 방법

팩스와 볼펜으로 작업하던 것을 엑셀 파일로 정리했던 행동. 업무 시간을 줄이는 방법, 코스트를 줄이는 방법, 에너지를 재사용하는 방법 등은 숫자를 줄이는 행동이다. 한편 5를 투자해서 6이 아닌 8의 결과를 나오게 하는 생산성 향상이나 제품 품질을 향상하는 방법은 숫자를 증가시키는 행동이다.

3) 문화의 변화를 통해 가치를 높이는 방법

현재 가장 비중을 두고 있는 행동. 직원들과 일대일 대화 시간을 늘려 밝고 긍정적인 사내 문화를 만들어가는 업무, 직원들 간에 소통과 협력을 원활하게 하는 업무. 수치화하기는 어렵지만 이런 업무 능력은 회사의 생산력을 높이고, 나를 포함한 직원들의 가치를 높여줄 것이다.

우리가 생계유지 수단만으로 '직업'을 바라보기에는 너무 많은 시간과 에너지를 '일'에 투자하고 있다. 같은 일을 하더라도 좀더 동기를 부여하고, 새로운 시각에서 바라보다 보면 어렵고 싫은 '일'도 즐겁게 도전하는 '일'로 바꿀 수 있지 않을까.

위기에서 만난
새로운 나

새로운 변화의 순간

몇 달 전 인터넷에서 고양이에게 쫓기던 쥐가 궁지에 몰리자 고양이를 물고 도망가는 영상을 본 적이 있다. 고양이도 놀랐겠지만, 쥐는 더 놀랐을 것 같다. '아니 나에게 이런 능력이' 하면서 말이다. 우리도 궁지에 몰렸을 때 숨겨진 능력을 발견하는 경우를 종종 만난다.

나는 지금까지 살면서 두 번 정도 궁지에 몰렸던 적이 있었다. 첫 번째는 고등학교를 졸업하고 백화점에서 판매원 생활을 시작했을 때였고, 두 번째는 20대 중반 뒤늦게 일본에서 대학 공부를 시작했는데 학비가 부족해서 아르바이트를 찾아 나섰을 때였다. 이때 나는 궁지에 몰린 쥐가 고양이를 물었던 것처럼 정말 열심히 마케팅을 했었다. 그러자 기대 이상의 성과를 올리면서 폭발적인 성장을 경험할 수 있었다.

나는 성장을 연속적 성장, 비연속적 성장, 폭발적 성장 이렇게 세 가지로 나눈다.

연속적 성장은 자신이 투자한 노력에 비례해 변화하는 상황을 말한다. 일이나 운동을 시작할 무렵에는 연습한 양에 비례해 능력이 발전한다.

비연속적 성장은 영어나 외국어를 공부할 때처럼 아무리 공부를 해도 일정 기간 동안은 정체된 듯 보이지만, 어느 순간 갑자기 발전했음을 느끼는 성장이다.

폭발적인 성장은 궁지에 몰렸을 때 그 위기를 이겨낸 뒤 급속한 비연속적인 성장을 경험하는 경우이다. 나는 이를 '혁명적 성장' 또는 '영토적 성장'이라고 부르고 싶다. 지금까지의 흐름과는 분절된 형태로 뭔가 새로운 변화가 일어나는 것이기 때문이다.

젊음이 밑천인 예비 무역상

백화점 판매원 시절에 나는 친구들이 대학에 다닐 때 혼자 백화점으로 출근해야 했기에 판매만큼은 전국 1등이 되어보자고 열심히 노력했다. 다른 방법이 없어 이것저것 정보를 얻기 위해 책을 열심히 읽던 시기이기도 했다.

대학교 3학년 시절에는 학비가 모자라서 당시 유행하던 야후 저팬의 브로드밴드 단말기를 판매하는 아르바이트를 했었다. 일당이 무척 높았지만, 하루에 2대 이상 렌탈 판매에 실패하면 그만둬야 하는 조건이었다. 하지만 3대 이상 렌탈 판매하는 데 성공하면 인센티브가 지급되었다. 이 아르바이트를 그만두면 학업을 계속하지 못하거나 누군가에게 돈을 빌릴 수밖에 없는 상황이었기 때문에 열심히 새로운 판촉 아이디어를 떠올려야 했다.

첫날에는 일본인 아르바이트 직원과 경쟁했는데 나의 부족한 점만 보이는 것 같아 주눅이 들었다. 결국 그날 하루 2대 판매를 달성하지 못해 한 대는 스스로 구입해야 했다. 그런 일이 이어지자 급기야 친구들에게도 손을 벌리게 되었다. 학비 마련을 위해 시작한 아르바이트에서 오히려 돈을 더 쓰게 되는 상황에 빠지고 말았다. 하지만 막상 집에 설치한 ADSL 인터넷의 속도는 그때까지 사용하던 전화 모뎀과는 비교할 수도 없이 빨랐다. 이런 인터넷 속도

덕분에 한국 친구들과 마음껏 음성 채팅을 했고, 당시 유행하던 싸이월드, 아이러브스쿨이라는 신세계도 접할 수 있었다. 게다가 이 서비스는 한 달간 무료였고, 한 달 쓰고 나서 착불로 돌려주면 되는 서비스였다.

당시 나와 같이 살던 친구는 나보다 컴퓨터를 훨씬 더 잘 다뤘다. 그래서 그에게 부탁해 한국 TV 프로그램을 볼 수 있는 인터넷 사이트와 한국 노래를 들을 수 있는 사이트의 주소를 잘 정리한 다음 책자로 만들어 나와 같은 조였던 일본인 선배와 함께 유학생 센터 앞에 판매대를 설치했다. 그렇게 준비한 덕분에 그날 나는 야후 저팬 브로드밴드 판매 최고 기록을 갈아치울 수 있었다.

자신감이 생긴 나는 팀장이 되어 중국인 팀원과 인도인 팀원을 데리고 유학생 센터 앞을 차지했다. 이 아르바이트에서 성공한 이후 나는 신문 배달이나 식당 청소 같은 힘든 일에서 벗어날 수 있었다. 그때 유학 생활에서 힘든 일을 하지 않아도 될 정도로 많은 수입을 올렸기 때문이다. 그런 후 다음 방학 때는 통번역을 하면서 일본 도매상 물건을 한국에 소개하는 작은 회사의 사장이 되었다. 일 년 뒤에는 한국에서 장사하고 싶은 사람들을 모아 일본에 소개해주는 청년으로 TV 프로그램에도 소개되었다.

절실함

'절실함'은 어쩌면 사람을 가장 빠르게 성장시켜주는 원동력이 아닐까?

소프트뱅크의 손정의 회장은 1983년 스물여섯이란 나이에 5년 시한부 인생을 선고받았다고 한다. 당시는 회사를 세우고 1년 반이 지난 때였고, 첫딸이 태어난 직후였다. 절망에 빠진 손정의는 책을 읽기 시작했고, 이때 손 회장이 읽은 책이 무려 4,000권에 달한다고 전해진다. 그는 궁지에 몰린 쥐처럼, 입원해 있으면서 자신이 할 수 있는 최고의 노력을 기울이며 책 속에서 길을 찾기 위해 노력했다. 그는 다행히 새로운 치료법이 개발되어 건강을 회복하고 1986년 회사에 복귀할 수 있었다. 그는 이때의 경험을 바탕으로 지금까지 종횡무진하며 회사를 이끌어가고 있다.

지금 우리나라의 많은 젊은이들이 도전을 무모하다고 생각하며 안정된 직장을 찾기 위해 불나방처럼 공무원 시험이라는 불꽃 속으로 뛰어들고 있다(2019년도 국가공무원 9급 공채 선발시험의 평균 경쟁률은 39.2:1로 집계됐다).

치솟고 있는 경쟁률을 뚫을 수만 있다면 안정된 직장에서 평온하게 일생을 보내는 것도 좋은 방법일 것이다. 하지만 그런 삶 속에서 나의 새로운 능력을 발견하기란 무척 어려울 것이다.

기약 없는 시험에 매달리는 것보다는 불안에 시달리는 생활이지만, 절실한 노력으로 자신도 몰랐던 슈퍼파워를 찾아내는 삶이 훨씬 가능성 있는 선택이 아닐까?

내일을 위해 내 일을 하자

최고의 직장인이 일하는 이유

일하는 이유

가끔 회사에서 면접관을 하는 경우가 있다. 나는 먼저 회사 소개를 간략하게 한 다음, 미리 프린트한 질문지를 나눠준 후 면접자 스스로 질문에 하나씩 답하게 하는 방식을 선호한다. 대개 마지막 페이지에는 '우리 회사에 대해 아는 점을 영어로 설명해주세요'라는 좀 난감한 질문이 기다리고 있다. 마지막으로 확인할 사항을 체크한 다음에는 약간의 잡담으로 마무리한다.

면접을 볼 때 특별히 마음에 드는 면접자가 있으면 최후의 질문을 던지기도 한다.

"일하는 이유에 대해서 물어봐도 될까요?"

열정을 품고 애정을 담아 일하는 사람과 함께하고 싶어서 이런 질문을 던진다. 같이 일할 가족이고, 서로 배우고 성장해야 할 사람이라고 생각하기 때문에 그런 질문을 한다.

물론 대부분의 사람은 생계를 유지하기 위해 일한다. 그것이 첫 번째 이유라는 사실은 전혀 문제가 되지 않는다. 하지만 나는 거기에 더하여 자신만의 일하는 이유를 갖고 있는 사람을 만나고 싶다. 단지 생계유지만을 위해 일하는 사람과는 함께 일하는 재미나 즐거움이 생길 것 같지 않다.

우리는 왜 일을 할까? 일하는 이유와 관련해 나는 크게 두 부류로 나눌 수 있다고 생각한다.

첫 번째 부류는 생계를 유지하기 위해 일하는 사람들이다. '일은 당연히 생활을 유지하기 위한 도구이며, 자리를 지키고 그 대가를 받는 것이다'라고 생각하는 사람들이다. 내가 보기에 이런 생각으로 일하는 사람은 아무리 개인과 조직에 이득이 있는 일이어도, 조금이라도 리스크가 있다면 도전하지 않으려는 특징이 있는 것 같다.

내가 팔고 있는 제품 중에 초기 비용은 20% 정도 비싸지만 2년 정도 사용하면 중간에 수리하는 횟수가 줄어들어 결과적으로 총 50% 정도의 이익이 나는 제품이 있다. 이론상으로는 상당히 좋은 제품이기에, 많이 팔릴 법도 하다. 하지만 유독 한국에서는 많이 팔리지 않는다. 그 이유는 '초기에 추가되는 20% 비용' 때문이다. 그래서 내가 이 제품을 파는 방법에는 두 가지가 있다. 회사의 사장을 직접 만나거나, 운 좋게도 열정적인 구매부 직원과 만나는 것이다. 그런데 지금까지 '열정적인 구매부 직원'은 단 한 번도 만난 적이 없다. 거의 모든 구매부 직원은 "그건 모르겠고, 단가가 낮아야 검토가 가능합니다"라는 뻔한 답변을 내놓는다. 물건을 팔지 못해 마음이 아픈 것보다 정말 재미없게 일하는 사람을 보는 것이 더 마음 아프다.

두 번째 부류는 생계유지는 당연히 따라오는 것이라고 생각하고, 일에서 그 외의 목적을 찾는 사람들이다. 그들은 '일에서 자신의 발전과 성장 그리고 즐거움을 느낀다. 그리고 당연히 그 성과는 보수로 이어진다'라고 믿는다. 나는 이런 사람들을 〈생활의 달인〉이라는 프로그램에서 자주 만났다. 가방 수선 '달인'이 있고, 식당 주방장 '달인'이 있다. 심지어 꽈배기 '달인'도 있다. 이들은 생계유지만을 위해 일하지 않는다. 그들은 사소해 보이는 일이라도 최선의 결과물을 만들어내기 위해 갖은 노력을 기울인다. 고객 감동을 위해, 찾아주신 은혜에 보답하기 위해, 사회에 공헌하기 위해, 개인의 성장과 도전을 위해 그들은 일을 하고 있다. 그리고 그 일을 통해 '달인'이라는 칭호를 얻는다.

"작은 역할은 없다. 단지 작은 배우만 있다."

어느 성공한 배우의 인터뷰에서 들은 이야기다. 우리의 일에 크고 작음은 없다. 단지 크고 작은 사람만 있을 따름이다.

배우는 사람

2015년에 개봉한 〈인턴〉이라는 영화를 감명 있게 보았다. 퇴직 후 은퇴 생활을 즐기다 시니어 인턴으로 일하게 된 70대 어느 노老 신사의 이야기인데, 보는 내내 그 노신사의 매력에 빠지고 말았다. 인턴 생활 초기에는 젊은 사람으로부터 무시도 당하고 놀림도 당한다. 하지만 그는 항상 젊은 직원들과 눈높이를 맞추며 상대를 존중하는 태도와 새로운 것을 배우려는 자세로 직장생활을 한다. 결국 회사는 그로 인해 분위기가 바뀌고, 그 또한 은퇴 후의 외롭고 쓸쓸한 일상 대신 사람들과 어울리면서 제2의 전성기를 가꿔 간다는 내용이다.

나를 지금의 회사로 이끌어준 사장님이 바로 영화 〈인턴〉의 주인공과 많이 닮은 분이셨다. 그분은 나에게 여러 좋은 이야기를 많이 들려주셨는데, 그중에서도 "언제든지 회사를 뛰쳐나갈 수 있는 사람이 돼라"는 조언이 가장 기억에 남는다. 현재 회사에 만족하며 잘 다니고 있는 사람에게 언제든지 뛰쳐나갈 수 있는 사람이 되라고 말하는 것이 정말 신선했다. '회사를 다니는 동안 새로운 능력을 많이 배우고, 배울 것이 없다면 언제든 뛰쳐나갈 수 있는 사람이 돼라'는 말은 회사에 다니는 동안 회사를 충분히 이용하라는 의미여서 아직까지도 생생하게 기억이 난다. 그 이야기를 처음 들었을 때 나는 그 의미를 잘 이해하지 못해 의아해했다. 그 후 몇 번이나 그 이야기를 듣고 그분의 행동을 보면서 자연스레 그 이야기에 담긴 진가를 깨닫게 되었다.

'회사는 사원을 이용하지만, 사원도 회사를 이용해 자신의 능력을 개발시킬 수 있다는 것을 명심하고 직장생활을 해야 한다'는 말이었다. 단지 시간 때우고 급여를 받기 위해 회사를 다니는 것은 회사나 직원 모두에게 좋지 않다는 것을 이제는 잘 알고 있다. 나는 기계가 아닌 성장을 추구하는 인간이기 때문이다.

사장에서 팀장으로

"나는 지금 다니고 있는 회사가 너무나 편하다."

6년 전, 한국에 지사를 설립하기 위해 도쿄에서 서울로 2년간 근무를 약속하고 왔다. 다행히 사업은 계속 성장했지만, 덕분에 회사를 설립하고 궤도에 오르면 도쿄로 복귀하려던 계획은 계속 미뤄졌다. 30대 후반의 지사장으로서 여러 사람과 만나며 많은 새로운 일을 만들어갔던 것은 물론, 회사에서 준비해준 대학원 공부도 모두 즐거웠다.

그런데 어느 날 '나는 계속 발전하고 있는가?'라는 질문에 대답하지 못하고 있는 나를 발견했다. 처음에는 매출을 늘리고 직원을 채용하는 등의 새로운 경험에 만족했지만, 점점 현재 상황에 적응하며 편해지려는 모습을 발견했다. 실제로도 편하게 직장생활을 하는 동안 새롭게 발전할 가능성이 점점 줄어들고 있다는 것을 순간순간 느꼈다. 나는 한국 지사장으로 일하면서 더 이상 성장할 방법을 찾지 못하고 있었던 것이다.

그래서 나는 한국에서의 지사장 생활을 정리하고 해외 다른 지사의 영업팀장으로 돌아가는 계획을 세웠다. 나는 나의 계획을 본사에 몇 년 동안 수차례 설명하고 설득하여 마침내 내년(2020년)에는 다시 영업팀장의 자리로 돌아가게 되었다.

노르웨이 본사에는 그렇게 이동하는 사람들이 나말고도 많다. 연구소장에서 연구원으로 돌아가 새로운 연구에 몰두하는 사람도 있고, 공장장에서 새로운 라인의 라인매니저가 되는 경우도 많다. 이렇게 자신이 발전할 수 있는 장소를 늘 생각하고 있는 사람들이 모이는 조직은 언제나 발전을 지속할 수 있다고 생각한다.

자생가능자, 내 일을 하는 사람

사장이 직원들에 대해 늘 불평하고 직원들도 사장에 대해 불평만 하는 회사는, 내 경험에 따르면 최악의 결과를 만들어낸다. 더 무서운 경우는 사장도 사원도 모두 성장하려 하지 않는 조직이다. '가만히 있는 것이 그들의 일'이 되어버린 조직에서 일하는 사람은 어느 때까지는 버틸 수 있을지 모르지만, 업무 자동화 등의 환경 변화에 따라 그 조직은 점점 축소되다가 결국에는 사라질 것이다.

주변을 살펴보면 스스로 일을 하는 사람이 아닌 회사에 의지해서 일하는 사람들을 종종 볼 수 있다. 그런 사람들은 그 회사의 브랜드가 곧 자신의 브랜드인 사람들이다. 그렇게 일하다 회사에서 나오면 결국 브랜드 없는 초라한 인간으로 남게 된다.

나는 이런 직장인들을 '자생불가자自生不可者' 즉 스스로 살아가지 못하는 사람이라고 부르고 싶다. 이런 사람들은 회사의 힘과 시스템에 의존하고, 상관의 명령에 따르며 조직의 부속품처럼 살아가는 사람이다.

이와 반대로 회사 규모는 작아도 에이스로 앞장서서 일하거나, 자신이 담당한 분야에서 적어도 전국 10% 안에 드는 실력을 갖춘 사람들이 있다. 그들은 지금 직장이 어떤 사정에 의해 없어지더라도 손쉽게 다른 직장을 구하거나, 다른 일을 하며 비슷한 수준의 경제력을 유지할 수 있다. 이런 사람은 '자생가능자自生可能者'이다.

오늘도 회사에서 정해진 일만 열심히 하고 있는지, 아니면 내일 Tomorrow을 위해 내 일My Job을 하고 있는지 스스로 질문해볼 일이다.

일하는 태도의
성장에 관하여

Rice work, Like work를 넘어 Life work로

식당에서 만난 디테일

나의 소소한 취미 중 하나는 맛있는 식당을 찾아다니는 것이다. 내가 좋아하는 식당은 맛과 서비스 모두 훌륭한 곳이다. 그중에서도 가장 좋아하는 식당은 디테일이 뛰어난 식당이다. 아주 작은 부가서비스와 세심한 배려가 더해진 식당을 정말 좋아한다.

식당에 다녀보면 어떤 곳은 단지 돈을 벌기 위해 장사하고 있는 것이 보인다. 돈을 지불하면 아무런 감흥이 없는 딱 지불한 만큼의

양과 질을 가진 음식이 나온다.

최근 새로 생긴 식당 중에는 점주의 취미나 전문 분야를 잘 살리거나 직원들의 웃음과 열정이 넘치는 서비스를 같이 판매하는 곳이 많다. 이런 식당에 가면 우리 아이들도 기분 좋아한다.

그렇지만 식당의 끝판왕을 만드는 것은 역시 디테일이다. 내가 좋아하는 식당 중에 '이치류—流'라는 양고기 전문 식당이 있는데, 이곳은 우선 맥주가 참 신선하다. 맥주가 신선하려면 매일 생맥주 기계와 라인을 청소해야 하는데, 이 식당은 매일 그렇게 한다. (실제로 매일 생맥주 기계를 청소하고 관리하는 식당은 많지 않다.) 화장실에도 종이 타월이 아닌 작은 면 타월을 갖다 놓았다. 가끔 없어지는 일도 있지만 이곳의 사장님은 타월을 매일 세탁하고 예쁘게 접어서 화장실에 채워 둔다. 물론 음식의 맛과 서비스도 훌륭하다. 이곳에 가서 보면 모든 열정을 다해서 이 식당을 운영하고 있음을 쉽게 느낄 수 있다. 이것이야말로 라이프 워크Life work가 아닌가 싶다. 우리는 과연 직장에서 이런 자세로 일하고 있을까?

각자 지금 어떤 감정을 가지고 일하고 있는지 곰곰이 생각해보자. 단지 돈을 벌기 위해 출퇴근을 반복하고 있는지, 좋아하는 일을 즐기면서 하고 있는지, 인생의 사명이라고 생각하고 일하고 있는지 말이다.

지금까지 내가 일하면서 받은 느낌을 단어로 정리해보면 이렇다. '생계수단', '인정 욕구', '즐거움', '배움', '지적 호기심', '성취감', '자기실현', '인간으로서의 의무' 등이다. 이를 다시 다음과 같이 나눠 보았다.

- 라이스 워크Rice work: 돈을 벌기 위한 일(밥벌이를 위한 일) – 생계형 근무
- 라이크 워크Like work: 좋아서 하는 일이지만 수익을 창출하는 일 – 재미형 근무
- 라이프 워크Life work: 인생의 사명이라고 생각하며 하는 일 – 의미형 근무

이제까지 내가 일을 하며 느꼈던 감정을 정리하면서 세 가지 일의 의미를 생각해보려 한다.

라이스 워크

고등학교 졸업 후 더는 집에 손을 벌리지 못하는 처지가 되었다. 그래서 백화점에서 선글라스를 팔면서 스스로 돈을 벌기 시작

했다. 이후 유학을 가서 학비와 생활비를 벌기 위해 길거리에서 전단지를 돌리거나 식당에서 설거지를 했다. 이런 단순한 일은 생활을 영위하기 위한 '라이스 워크'일 것이다.

사회 초년생은 과거 부모님 세대와 마찬가지로 대부분 생계를 위해 일을 한다. 그런 의미에서 모든 일의 기본은 '라이스 워크'이다. 사람이 살기 위해 몸에 피를 돌게 만드는 그런 기초적인 행위이다. 아무리 재미와 사명이 있는 일이라도, 돈이 되지 않는 일을 매일 하고 있다면, 자신과 가족에게 많은 민폐를 끼칠 것이 분명하다.

다가오는 미래에는 대부분의 라이스 워크가 기계나 로봇의 일로 대치될 것이다. 단순 은행 업무, 편의점 업무, 전단지 배송 같은 반복 작업을 필요로 하는 업무는 점차 사라지고 있다. 요즘 햄버거 가게는 자판기에서 주문을 넣고 있고, 호텔의 접객 업무도 무인화가 되어가고 있다.

라이크 워크

나는 다행히도 내가 좋아하는 일이 영업과 장사라는 것을 일찍 발견할 수 있었다. 라이크 워크를 비교적 빨리 찾은 것이다. 라이크 워크를 할 때 좋은 것은 일에 재미가 있어 공부할 의욕이 생기고 성취감도 쉽게 느낄 수 있다는 점이다. 라이스 워크로 단순 업무를 하더라도 거기에서 재미나 학습욕, 성취감을 느낄 수 있다면 점차 라이크 워크로 변화할 수 있다.

우리나라도 국민소득이 3만 불을 넘어서면서 전반적으로 '소확행小確幸'이나 'YOLOYou Only Live Once', '워라밸Work and Life Balance'을 중시하는 분위기로 바뀌고 있다. 앞으로는 업무에서도 라이크 워크를 찾으려는 움직임이 커질 것이다. 젊은이들은 자신만의 즐거움을 찾기 위해 열심히 노력하고 있다. 살아남기 위해 발버둥치는 것이 아니라 즐겁고 신나게 사는 것이 대세로 바뀌었다.

라이프 워크

세간에 명문대 진학의 3대 필수조건이라는 말이 한참 회자된 적이 있다. 그중 하나가 '아빠의 무관심'이라는 말을 듣고, 나는 이건 아니라고 생각했다. 그래서 아이를 키우는 데에 아빠의 관심이 얼마나 중요한지에 대한 책을 준비하고 있다. (이처럼 내 의견을 여러 사람과 나누려는 노력이야말로 '라이프 워크'가 아닐까 생각한다. 이런 노력의 시간은 나에게 '자아실현'과 '사회 공헌'에 대한 약간의 사명감을 심어주었다.) 퇴근 후 아이들을 재워놓고 시작한 글쓰기는 '워라밸'과는 전혀 상관없는 즐거움의 시간을 나에게 허락해주었다. 만약 내가 쓴 아빠의 육아에 대한 책이 나중에 경제적인 만족까지 채워준다면 정말 멋진 라이프 워크가 될 것이다.

라이프 워크의 핵심은 '사명감'이다. 사명감을 갖고 하는 일은 기계가 대신하기 어려운 영역이라고 생각한다. 종교적인 활동이나 봉사 또는 공동체를 이끌거나 비전을 제시하는 일들은 기계나 로봇이 침범하기 어려운 영역이다. 인공지능이 아무리 발달하더라도 사명감이라는 숭고한 영역에는 다다르지 못할 것이다.

특히 의사나 교사 그리고 정치나 공무를 맡고 있는 사람들은 라이프 워크 정신이 더 많이 필요하다. 수많은 의사 중에 특별히 이국종 교수가 존경받는 이유는 의사로서의 사명감이 투철하기 때문이 아닐까? 라이스 워크라는 관점에서 일하는 의사는 과잉진료를 하며 무리하게 이익만을 추구하는 경우가 많을 수밖에 없다. 마찬가지로 일부 유치원의 비리나 정치인들의 일탈 역시 사명감이 아닌 코앞의 이익 추구에 몰두했기 때문이라고 생각한다.

대부분의 성인은 직업을 가지고 있다. 그리고 하루의 대부분을 직장에서 보내고 있다. 그 소중한 시간에 라이스 워크를 하는지, 라이크 워크를 하는지, 라이프 워크를 하는지 한번쯤 생각해 볼 필요가 있다.

어떤 사람은 자신이 갖고 있는 능력으로 계속 발전하는 사람도 있고, 어떤 사람은 자신이 갖고 있는 능력을 사용하지 않고 현재에 만족하며 하루의 밥을 위해 일하는 사람도 있다. (성경의 달란트 비유를 생각하며)

갑과 을은 없고 나만 있다

당당하고 바르게 스스로 일하기

갑질

얼마 전 거래처인 대기업의 젊은 직원이 메일로 자료를 만들어 달라는 요청을 해왔다. 왜 내가 그 자료를 만들어줘야 하는지 선뜻 이해하기 힘들었다. 게다가 마감 시간도 '오늘 오후까지'라고 쓰여 있어서 화가 치밀었다. 이런 것이 바로 '갑질'이구나 하는 생각이 들었다.

잠시 생각해보니 어떤 환경에서 근무하고 있기에 고객에게 이런 부탁을 할까 하는 씁쓸한 생각이 들어 오히려 불쌍하게 느껴졌다. 그래서 그에게 이렇게 답장을 썼다.

"제가 도와드릴 수는 있지만, 오늘은 바쁩니다. 다음 주에 시간이 난다면 도와드리겠습니다."

이후로 답장은 오지 않았다. 며칠 뒤 나는 거래처 직원에게 관련 작업에 도움이 될 만한 외국 사이트 주소 몇 개를 복사해서 메일로 전달했다. 그러자 이번에는 일본어 사이트를 번역해달라는 요청을 해왔다. 그래서 친절하게 구글 번역기 사용법이 적힌 블로그를 찾아서 그에게 알려주었다. 순간 그 부서의 부장이나 과장한테 지금까지의 메일 내용을 공유하고 싶었지만 실행에 옮기지는 않았다.

종종 힘 있는 사람이 벌이는 '갑질'이 사회적 이슈가 되기도 한다. 그러나 이는 일부에서 벌어지는 일만은 아닌 것 같다. 앞의 사례처럼 우리 사회의 갑질은 일상 어디에서나 볼 수 있는 현상이 되어버린 듯하다.

북유럽의 높은 사람들

우리 회사의 CEO는 4시 반에 퇴근해서 집안 청소와 저녁 준비를 담당한다. 그는 운전기사를 두지 않고 필요하면 직접 운전한다.

한가할 때면 출근하는 아내의 운전수 노릇까지 한다고 들었다. 몇 년 전 처음 한국에 방문한 노르웨이의 CEO는 한국의 모 대기업 총수의 초대로 유명 호텔의 중식당에서 점심 미팅을 했다. 저녁에는 가장 한국적인 대중음식을 먹고 싶다고 해서 둘둘치킨에서 반반치킨을 함께 먹은 기억도 있다.

우리 회사의 CEO가 유별나게 소탈해서 그런 걸까? 꼭 그런 것은 아닌 것 같다. 노르웨이의 어떤 장관은 아내를 위해 육아 휴직을 냈다. 노르웨이의 국회의원 대부분은 자전거로 출퇴근하며 자신의 사비로 커피를 사 마신다. 스웨덴 국회의원들에게는 한 가지 특권이 있는데, 바로 대중교통을 무료로 이용할 수 있는 거란다. 유일하게 업무용 차량을 항상 이용할 수 있는 사람도 '스테판 뢰벤' 총리뿐이라고 한다. 우리 언론에서도 소개한 적이 있어 많이들 알고 있을 것이다.

하지만 우리의 높은 분들은 어떤가? 모두 대형 검정색 차량에 기사까지 대동하고 다니는 모습이 기괴하고 우스꽝스럽기까지 하다. 이런 문화가 한순간에 바뀌지 않을 거라는 것은 나도 안다. 물론 우리나라의 구조적인 문제나 보안상의 문제 때문에 그래야 하는 필요성도 있을 것이다. 그렇더라도 색상이나 차종만이라도 좀 바꾸면 안 될까? 왜 하나같이 검정색 차만 고집하는지 모르겠다.

노르웨이 동료들은 종종 나에게 한국은 다른 나라와 달리 이분법적인 사고가 강한 것 같다고 말한다. A 아니면 B, 갑 아니면 을, 우익 아니면 좌익 등등 자꾸 양 극단으로만 나누려는 특별한 이유라도 있는 것인지 자주 묻곤 한다. 이런 이유 때문인지 한국 영업이 처음인 노르웨이 직원은 직접 방문해서 하는 영업 미팅을 상당히 두려워 한다.

노르웨이 회사에 다니며 나는 그들의 문화에서 '갑과 을'을 넘어서는 자유로움과 서로의 다름을 이해하는 문화를 배우고 있다. 그런 분위기 덕분에 내가 어떤 위치에 있든 상관없이 내 생각을 당당하게 표현할 수 있게 되었다.

내가 노르웨이 회사로 옮기고 나서 가장 먼저 실행에 옮긴 것은 5시 반 정시 퇴근이었다. 당당하게 "먼저 가보겠습니다"라고 해맑게 인사한 뒤 바로 퇴근했다. (물론 입사 전에 사장님께서 허락해주셨고, 그런 문화를 만들고 싶으셨던 사장님의 의지도 작용했다.) 지금 근무하고 있는 한국 지사에서도 내 컴퓨터는 5시 20분에 꺼진다. 그래도 급한 업무나 꼭 그날 마쳐야 할 업무가 생기면 잔업을 하기도 한다. 하지만 눈치를 보며 하는 잔업은 우리 직원 모두가 하지 않는 분위기가 조성되었다.

몇백 억짜리 계약을 아이와 함께 만화 보기로 한 약속 때문에 날려도 문제없을 정도로 회사는 사원을 신뢰하고 있고, 사원들도 회사를 신뢰하며 당당하게 일하고 있다. 나는 우리 회사의 이런 조직 문화에 존경심을 갖고 있다. 그 문화를 지키려면 직원 모두가 언제나 자신에게 솔직해야 하고 성실하게 일해야 한다. 만약 뇌물을 받거나 개인의 이익을 위해 회사 물품을 빼돌리며 스스로를 속이는 행동을 한다면 그 사람은 회사에 떳떳하지 못할 것이다. 그러다 보면 점점 회사를 두려워하며 '을'의 마음으로 회사를 상대하게 될 것이다. 능력의 차이와는 별개로 회사에 떳떳한 사람으로 행동한다면 적어도 '갑'과 '을'의 영향력에서는 벗어날 수 있다. 이런 문화를 누가 만들어주기를 기다리지 말고 나부터 시작해야 한다. 사장이나 과장이 바뀔 기대하지 말고 나부터 회사에 당당한 사람이 되어야 한다. 그러면 그 사람은 회사 안에서 갑도 을도 아닌 그 사람 자체로 인정받게 될 것이다.

이렇게 당당히 일하는 사람이 늘어나면 그 회사도 당당하게 자기 일을 하는 조직으로 발전할 수 있을 거라 생각한다. 세상에 갑과 을 따위는 존재하지 않는다고 생각하는 사람만이 진정으로 자유롭게 살 수 있지 않을까.

인재 그리고 인재

3가지 인재

인재人材

존경하던 회사 선배가 내가 회사에 입사한 뒤 처음 갖는 회식 자리에서 다음과 같은 조언을 해주었다.

"회사에서 너밖에 못하는 일을 꼭 만들어야 해."

그런데 그때 당시 '생존을 위해서는 꼭 필요하겠지'라고 이해했던 이 말의 의미가 해를 거듭할수록 점점 넓어지고 깊어지는 것 같다.

사전에 따르면 인재人材, Human resource는 '어떤 일을 할 수 있는 학식이나 능력을 갖춘 사람'이라는 의미이다. 여기에서 인재의 재材는 '재목'이나 '재료', '재능'이라는 뜻을 가진 글자이다. 약 25년간 직장생활을 하면서 수많은 사람들과 같이 일하는 동안 새로운 사람이 합류하거나, 회사를 떠나는 과정을 수없이 지켜보았다. 그들 중 어떤 사람은 회사의 '재목(회사를 구성하는 틀)'으로 성장하기도 했지만, 어떤 사람은 '재료(회사를 위한 땔감)'로 사용되기도 하는 것을 보았다.

또한 한 사람이 이직을 했을 때 모두 기뻐하거나 이직 후 전체 업무 능력이 더 성장하는 경우가 있는가 하면, 어떤 사람이 이직한 후에 회사 분위기가 암울해지거나 단골 고객이 떠나는 경우도 보았다. 사실 회사의 최고 목표는 이익 창출과 이에 따른 사회 공헌에 있다. 구성원의 행복이나 성장을 조직의 최고 목표로 삼는 곳은 학교이지 회사가 아니다. 그렇지만 정말 좋은 회사는 선배가 후배를 재목으로 이끌어주는 풍토가 있는 회사이다. 회사도 목표를 이루기 위해 전략적으로 인재들을 성장시키려 할 것이다. 인재를 단지 재료로만 사용하려는 회사를 우리는 경계해야 한다. 나는 경영자로서의 경험은 짧지만, 경영자의 가장 어려운 점은 인재를 선별하고 재목으로 성장하도록 돕는 일이 아닐까 생각한다.

인재人財

　몇 년 전 회사의 추천과 지원으로 아주 유명한 EMBAExecutive MBA 코스에서 2년간 공부하여 학위를 받았다. 이 코스는 큰 비용이 필요하고 수업이 있기 때문에 회사에서 지원해주지 않으면 다니기 힘들다. 경영학, 관리학만 배우는 과정이라고 하기에는 정말 그 비용이 비싸다. 하지만 이 코스의 장점은 인재人財, Human capital가 모인다는 점이다. 여기서 인재의 재財는 '재물'이나 '재산', '재능'이란 뜻이다.

　EMBA 코스를 마쳐갈 즈음, 십수 년 전 내가 한 회사의 신입사원일 때 나에게 "회사에서 너밖에 못하는 일을 꼭 만들어야 해"라고 조언해준 선배의 얼굴이 문득 떠올랐다. 그 선배의 말처럼 되어가고 있다는 생각이 들어 선배에게 편지를 썼다. (그 선배는 그러면 맛있는 식사나 한턱 내라고 장난기 가득한 답장을 보내왔다.)

　모든 회사는 인재를 채용한다. 그 인재들은 회사를 든든히 지켜주는 기둥이 될 수도, 땔감이 될 수도 있다. 가능하다면 회사의 재산인 인재人財로 성장한다면 더 멋지지 않을까?

　마지막으로 하나 명심할 것이 있다. 회사와 동료를 위해서라도 절대 인재人災가 되어서는 안 된다.

"내가 회사원으로 정말 하고 싶은 일이 하나 있다면 바로 인재
人材를 인재人財로 만드는 일이다."(어느 25년차 회사원)

항상 자기소개서를
가지고 다니는 사람

자 기 소 개 하 기

비밀 수첩

철강 영업을 하는 사람들은 기본적으로 철강 가격 추이와 철광석의 동향, 환율 등 몇 가지 정보는 꼭 숙지하고 다닌다. 나는 저녁 식사 자리에서 들은 업계 동향이나 소문도 작은 수첩에 꼼꼼하게 적어 항상 왼쪽 가슴 주머니에 넣고 다닌다. 그 수첩만 있으면 어디에서도 영업을 잘할 자신이 있다. 그것은 나의 비밀 영업 수첩이다.

이 비밀 수첩과 함께 내가 항상 지니고 다니는 것이 있는데, 그것은 바로 자기소개서다.

사회생활을 하고 업무가 다양해지면서 점점 새로운 모임이나 만남이 잦아지고 있다. 이런 현상은 비단 우리나라만이 아닌 세계 공통의 현상일 것이다. 우리는 새로운 사람과 만나면 자의건 타의건 자기소개를 하게 된다. 이 자기소개가 별 거 아닌 것 같지만 실제로는 인상을 좌우한다. 자기소개를 '스스로의 가치를 사람들에게 알리는 영업'이라고 정의한다면 좀 더 신경 쓸 필요가 있다. 철강 시장 정보를 항상 가지고 다니듯 나의 중요한 정보를 잘 정리해서 가지고 다닌다.

　　첫인상은 매우 중요하다. 사람들은 상대를 처음 만났을 때의 인상이 머릿속에 강하게 오래 남는다고 한다. 첫인상이 오해였다고 해도 그것을 바로잡으려면 시간이 많이 필요하다. 그렇기에 처음 사람들을 만나는 자리에서 하는 자기소개는 매우 중요하다.

　　나는 몇 장의 자기소개서를 항상 가지고 다닌다. 물론 종이에 적은 자기소개서가 아니라 언제든지 남들 앞에서 말할 수 있는 머릿속에 정리된 자기소개서다. 이 자기소개서는 나에 대한 소개를 넘어 나의 '가치'를 제대로 전달하는 중요한 시작점 역할을 한다.

　　25년간 직장생활을 하면서 여러 사람의 자기소개를 들었다. 그리고 첫 만남에서 자기소개가 얼마나 중요하고 어려운지 관찰하고 공부했다. 다음에는 자기소개에 관한 아주 간단하지만 중요한 이야기를 공유해보고자 한다.

몇 가지 자기소개서

나는 간단히 발표할 수 있는 30~40초 정도의 자기소개서와 조금 더 깊은 내용까지 발표하는 1분 20~30초 정도 되는 두 가지 버전의 자기소개서를 준비해 놓았다. 가끔 만나는 외국인들을 위해 영어와 일본어 자기소개서도 준비했다.

외국인과 만나는 자리에서는 내 명함과 함께 이름 이야기로 소개를 시작하면 무척 좋아한다. 그 이유는 전 세계에 몇 없는 'E'라는 알파벳 성씨를 사용하고 있기 때문이다. (실제로 나의 여권에는 영문 성을 'E'로 표기하고 있다.) 내가 아는 한 나와 같은 영어 성을 사용하는 사람은 우리 아이들을 제외하면 거의 없을 거라 생각한다. 이런 이유로 몇 년 전 유럽 학회에 갔을 때는 준비했던 명함 100장을 모두 소진했던 적도 있다. 모두 기념품처럼 가져가는 것을 보고 동료들과 즐거워 했던 기억이 아직 남아 있다. 이렇게 기억에 남는 자기소개 방법 몇 가지를 소개해보려 한다.

1) 나는 누구인가?

나는 자기소개도 일종의 '영업'이라고 생각한다. 25년간 영업 분야에서 일하다 보니 영업사원의 정의를 물건을 파는 사람이라고 한정 짓고 싶지는 않다. 영업사원은 제품의 매력과 특징을 잘 정리해서 설명해주는 사람이라고 생각한다. 또한 고객의 입장에서 무엇이 필요한지 발 빠르게 파악할 수 있는 능력을 갖춘 사람이 뛰어난 영업사원이다.

가끔 모임에 나가면, "가나다 물산에서 마케팅 퍼포먼스를 담당하고 있는 ○○○입니다"라고 자신을 소개하는 사람을 종종 본다. 요즘에는 'CVM', 'CSM'처럼 영어로 축약된 직함을 이야기하는 사람도 늘고 있다. 문제는 듣는 사람 입장에서는 '가나다 물산'이 무엇을 만들고 판매하는 회사인지 모른다는 것이다. 아마도 동종업계나 마케팅 퍼포먼스에 대해 잘 알고 있는 사람이 아니라면 아주 생소하게 들릴 것이다.

나는 우선순위를 직장보다 가정에 두고 있어서 회사 관련 모임이 아니면, "삼 남매를 키우는 육아에 관심 많은 가장입니다. 그리고 노르웨이에서 반도체 및 이차 전지 원천 소재를 만드는 ○○ 회사의 한국 지사장으로 일하고 있습니다"라고 소개한다. 물론 회사 업무 관련 미팅일 경우에는 소개 순서를 바꾼다.

처음 예로 든 '가나다 물산' 직원이 자신을 소개할 때도 "국내 주요 백화점에서 판매되는 식료품의 빅데이터로 식품 판매 현황을 조사하여 마케팅에 이용하는 가나다물산에서 업무 총괄을 담당하고 있는 ○○○입니다"라고 설명한다면 훨씬 더 나을 것이다. 하고 있는 일에 대한 소개가 좀 더 구체적이어서 이 분야에 관심 있는 사람들에게 질문이나 이야기를 끌어낼 수 있기 때문이다. 이렇게 첫 소개에서는 자신의 모습을 누구라도 알기 쉽게 설명해줘야 한다. 왜냐하면 '나는 그 사람들에게 처음 선보이는 상품이기 때문이다.'

2) 취미나 특징으로 호감을 유발하는 다음 멘트

자신에 대한 기본 정보를 알렸다면, 일단 무대에 무사히 올라간 것이다. 그 이후에는 무대에서 다시 한 번 자신을 선보이는 순간이 찾아온다. 이 두 번째 멘트에서 사람들에게 자신을 확실히 기억시킬 수 있는 무언가를 내놓는 것이 좋다.

그런데 두 번째 기회에서 특별히 할 말이 없어서 "저는 현재 을지로에서 근무하고 있고요, 제 고향은 인천입니다." 혹은 "누구 소개로 이 모임에 처음 왔는데 분위기가 좋네요." 같은 흔한 멘트를 한다면 결국 자신의 인상을 명확히 심어주지 못할 것이다. 따라서 두 번째 정보는 그 사람이 전략적인 사람인지 혹은 평범한 사람인지를 보여주는 척도가 될 수 있다.

나는 이렇게 나를 소개한다. "취미는 육아와 요리입니다. 최근에는 육아에 관련한 책을 출간하기도 했습니다. 현재 동네에서 요리 동호회를 이끌고 있으며, 작년까지 지인들과 서래마을에서 요리 스튜디오를 운영했습니다. 한 달에 한 번씩 '야간비행'이라는 식도락 모임도 하고 있습니다." 이렇게 소개하면, 요리나 육아에 관심 있는 사람들이 나에 대해 호기심을 갖게 될 것이고, 나 역시 그런 사람들과 이야기할 기회를 얻을 수 있다.

그밖에 노르웨이에 대해 아는 것이 많다는 점과 일본에서 오래 거주한 경험 등을 이야기하는 것도 나에게 좋은 영업 포인트이다. 이렇게 '나'라는 제품의 특이성과 장점 등을 잘 정리해서 알려준다면 사람들의 관심을 끌 수 있다.

3) 언제나 도움을 줄 수 있다는 마음을 보여준다

영업이나 판매에서 화룡정점은 '가격'이다. 아무리 앞에서 제품에 대해 잘 설명하고, 장점이나 차별화, 새로운 기능에 대해 조리 있게 설명했다고 해도 마지막에 나오는 가격에 따라 상대방의 생각이 좌우된다. 정말 좋은 제품이거나 생각보다 흥미로운 제품이 가격까지 저렴하다면 선택을 망설이지 않을 것이다.

자기소개에서의 화룡정점은 언제나 열려 있고 도움을 줄 수 있는 친절한 사람이라는 사실을 알리는 것이다. 이제까지 육아, 요리, 노르웨이, 일본 등에 대해 이야기해 놓고 그대로 마무리한다면 그저 '특별한 이력을 갖고 있는 사람이구나!'라는 생각을 심어주는 데에서 멈춘다. 그래서 나는 마지막에 꼭 이렇게 이야기한다. "혹시 좋은 식당을 못 찾아서 곤란하실 때나 육아에 대한 상담이 필요하시면 언제든지 연락주세요. 제가 도와드리겠습니다." 그러면 대부분의 경우 자기소개가 마무리된 후에 나와 명함을 교환하려는 사람이 많았다.

4) 표정과 태도 그리고 인사

아무리 영업의 달인이라도 단정함과 당당함, 예의 있는 행동이 수반되지 않는다면 그 영업의 완성도는 무척 떨어질 것이다. 자기소개에서는 무엇보다 얼굴 표정과 당당한 자세 그리고 자신감 있는 목소리를 마지막까지 유지하는 것이 기본이다.

학창 시절의 인간관계는 매년 학년이 오르면서 그 사람과 지속적으로 교류하는 과정을 통해 만들어진다. 그러나 사회에서의 인간관계는 그렇게 오랜 시간을 투자할 수 없다. 그렇기 때문에 사회생활을 할 때 자기소개는 짧은 순간에 자신을 잘 알려 영업할 수 있는 귀중한 시간이다. 그런 시간을 단지 형식적으로 대충 때우지 말고 시간을 제대로 투자해서 전략적으로 접근해보기를 바란다. 그렇게 자신을 전략적으로 소개할 방법을 고민하다 보면 자신이 어떤 장단점을 갖고 있는지 깨닫는 계기가 될 수도 있다.

좋아하는 일에서
잘하는 일 발견하기

좋아하는 일, 잘하는 일

늦은 대학 공부의 장점

나는 또래보다 대학에 늦게 갔다. 직장을 다니다 군대를 제대하고 다시 직장을 다니다 대학에 갔으니, 다른 이들과 비교하면 많이 늦었다. 여러 곳에서 직장생활(실제로는 아르바이트에 가까웠다)을 하는 동안 영업과 세일즈가 내 적성에 맞는다는 것을 알게 되었고, 영업을 좀 더 배우기 위해 무역학과에 진학하였으니 결과적으로는 잘된 일이다.

고등학교 졸업 후에는 내가 잘하는 것이 무엇인지, 좋아하는 것이 무엇인지 몰랐다. 이름도 생소하고 무엇을 공부하는지도 몰랐던 서반어학과에 원서를 썼다가 보기 좋게 떨어진 것이 나에게는 '천운'이었는지도 모르겠다.

대학 생활은 늦게 시작했지만 공부는 무척 재미있었다. 그동안 알고 싶었던 돈 잘 버는 방법을 배운 것은 아니지만, 경제에 대한 개념을 잡고, 필요한 제품의 공급과 판매, 무역의 역사 등을 공부했던 그 시간들은 나를 새로운 세상으로 안내해주었다.

게다가 그때까지의 직장 경험과 새로운 지식을 무기 삼아 대학 3학년 무렵에는 아르바이트가 아닌 개인사업자 등록을 하고 소규모 무역업에 본격적으로 나섰다. 사업이 어느 정도 사람들에게 알려지면서 방송에도 여러 번 출연하게 되었고, 좋은 분들과의 만남도 이어지면서 졸업 후에는 세계를 누비며 영업할 수 있는 '종합상사'에 취업할 수 있었다. 지금은 노르웨이 회사의 한국 지사장으로 있으면서 각종 철강 제품의 수출입 업무를 맡고 있고, 국내 영업도 열심히 하고 있다.

만약 내가 고등학교 졸업 후에 점수에 맞춰 무엇을 공부하는지도 모르는 전공을 선택해 대학에 진학했더라면 지금과 같은 행복한 직장생활을 할 수 있었을까? 그리고 보면 나는 정말 운이 좋았던 것 같다.

좋아하는 일, 잘하는 일

많은 젊은이들이 나에게 좋아하는 일과 잘하는 일 중 어떤 것을 선택해야 할지를 묻곤 한다. 그럴 때마다 나의 대답은 한결같다. '좋아하는 일에서 잘하는 일을 발견하기'이다.

우리나라에서는 대학 전공을 선택할 때 본인이 잘하는 일이나 좋아하는 일과 상관없는 분야를 선택하는 경우가 흔하다. 어쩌면 자신의 적성을 생각할 겨를도 없이 입시라는 관문을 향해 달리기를 하고 있는 게 아닌가 싶다. 사실 '좋아하는 일에서 잘하는 일을 발견하기'란 쉽지 않다. 많은 경험과 고민의 시간이 필요하기 때문이다. 게다가 정답도 없다.

만약 내가 노래하는 일을 좋아해서 가수가 되기 위해 열심히 노력한다면 그것은 꿈을 좇는 무모한 선택이 될 수도 있다. 주말마다 즐겨하는 요리도 내가 좋아서 하는 일이지 남들보다 특별히 잘하는 것은 아니다. 아무리 좋아하고 열심히 한다 하더라도 인기 가수나 유명 셰프가 되는 것은 불가능에 가까운 도전이다. 여러 가지 꿈을 꾸고 좋아하는 일을 찾는 것은 좋지만, 그중에서 본인이 잘할 수 있는 일을 찾는 것은 그만큼 어렵다.

특히 자신이 잘하는 것을 발견하려는 노력은 많은 경험이 필요하고 정확한 시야가 뒷받침되어야 한다. 그런 면에서 나는 많은 경험을 허락해준 20대 초반의 직장인 시절에 감사하고 있다. 예전에는 그 시절을 창피하다고 생각해 감추기 바빴지만 지금은 나를 지탱해주는 과거가 되었다.

좋아하고 잘하는 일과 돈벌이

우리가 직장생활을 하는 이유 중 하나는 돈을 벌기 위해서이다. 먹고살기 위해서는 돈이 필요하다. 한편 자신의 직업이 지닌 가치도 중요하다. 내가 하고 있는 일이 사회적으로 얼마나 유용한 일인지가 내 사회적 위치를 보여주는 척도가 되기 때문이다.

행복한 직장인의 순위를 다음 4가지로 나눠 보았다.

1. 좋아하고 잘하는 일을 하면서 충분한 보상을 받는 일
2. 좋아하고 잘하는 일을 하지만 보상이 충분하지 못한 일
3. 충분한 보상을 받는 큰 회사에 다니지만, 좋아하지도 않고 흥미도 없는 일
4. 충분한 보상도 없고, 좋아하지도 않는 일

주변 지인들과 이야기하다 보면 겸손에서 나온 말인지, 실제인지는 알 수 없지만, 대부분이 4번 유형의 일을 하고 있는 것 같다. 충분한 보상도 없고, 좋아하지도 않는 일. 그런데 더 큰 문제는 이런 상황을 개선하기 위한 준비나 계획이 없다는 점이다. 그리고 거기에서 얻는 스트레스와 불만을 해소하기 위해 주식이나 창업 등 다른 곳을 기웃거리는 경우가 많았다. 물론 그렇게 기웃거리는 곳이 '좋아하거나 잘하는 일'이라면 다행이지만 그렇지 않아서 문제다.

3번 유형의 사람들은 충분한 보상을 받고 있지만, 본인은 그것을 알지 못하는 부류이다. 아마도 이런 분들은 스스로의 힘으로 성장 경험을 해보지 못한 경우가 아닐까 생각한다. 주어진 목표에 이르기 위해 애써왔고 그래서 어느 정도 물질적인 성취도 이루었지만, 문득 돌아보니 어울리지 않는 옷을 입고 있는 자신을 발견하고 허탈함을 느끼는 사람들이다. 그러다 보니 충분한 보상을 받지 못했다고 느낄 수밖에 없을 것이다.

다행히 나는 '좋아하고 잘하는 일을 하면서 충분한 보상을 받는 일'을 하고 있다고 믿고 있다. 지금은 그 일을 업그레이드하기 위해 이렇게 책을 쓰고 있다. 내가 육아에 대한 책을 쓰리라고는 상상조차 못했다. 그런데 아이가 셋이 되면서부터 육아에 관심이 생겨 그 분야를 공부했고 직접 실천하면서 육아를 좋아하게 되고 잘하게 된 것뿐이다.

지금 하고 있는 영업이 천직이라고 생각하지만, 후배 직원이 생기고 직급도 높아지면서 내가 하고 있는 일을 한 번쯤 정리할 필요를 느꼈다. 후배 직원들과 함께 고민하고 상담하는 동안 나의 과거를 돌이켜보며 일에 대한 새로운 열정이 솟구치기 시작했기 때문이다. 그리고 그 과정에서 얻은 생각들을 이렇게 책으로 쓰고 있다.

이처럼 잘하는 일과 좋아하는 일은 계속할수록 새로운 열정이 커질 수 있다는 사실이 참 흥미롭다. 그리고 그 보상이 함께 늘어가는 재미도 쏠쏠하다.

성인이 뭘까?

'성인'의 사전적인 정의는 '정신적, 육체적으로 다 자란 사람'이다. 한국의 민법 제4조에서는 만 20세가 된 사람을 성인으로 규정하고 있다. 하지만 내가 생각하는 성인成人은 한자의 뜻 그대로, '무언가를 스스로 이룰 수 있는 사람'이다. 20세가 됐다고 성인이 아니라, 혹은 키가 175cm가 넘었다고 성인이 아니라, '홀로 서기'가 가능한 사람이 성인이다. 성인은 혼자의 힘으로 앞으로 나아갈 수 있는 사람이다. 즉 자신에 대한 '주인 의식Ownership'을 갖고 있는 사람이다.

내 삶의 주인이 '나'라는 생각을 하지 못했을 때를 돌이켜 보면 다음과 같은 8가지 특징이 있었다.

1. 미래에 대한 생각이 없거나 막연했다.
2. 누군가에게 의지하고 항상 책임을 미뤘다.
3. 나와는 상관없는 일이라고 생각하고 행동했다.

4. (성공해본 경험이 없기에) 자신감이 없었다.

5. 지키려고 하는 습관이나 행동이 없었다.

6. 변화를 싫어했다.

7. 무책임한 낙관론자의 삶을 살았다.

8. 끝까지 해본 경험이 없었다.

그러나 '내 삶의 주인이 나구나!'라고 느낀 스무 살 무렵부터는 나를 그냥 팽개쳐두지 않았다. 나를 소중히 다루기 시작했다. 미래를 생각했고, 스스로를 책임지기로 했으며, 내 일이라고 생각하며 일했고, 작은 일들을 성취하며 자신감을 키웠다.

나를 위한 작은 습관들을 행동으로 옮기며, 변화하길 간절히 희망했다. 막연하게 낙관하지 않았고 꼼꼼하게 챙겼으며, 끝까지 실천하고, 일을 완수하며 '몽근력'을 키워 나갔다.

그렇게 25년을 보냈다. 스무 살의 나를 바라보며 "이제 나도 성인이 되었구나"라고 조심스레 말할 수 있게 되었다. 걱정 많고 두려움 많았던 스무 살의 나에게 고맙다고, 잘 해냈다고 말해주고 싶다.

기본이 뭘까?

1. 기본은 가장 중요한 것이다.

2. 기본은 반복과 연습을 통해 성장시킬 수 있다.

3. 기본은 자주 사용할수록 더 빠르게 나의 일부가 된다.

4. 기본은 사랑하는 사람들에게 전해주고 싶은 것이다.

5. 기본은 마지막 순간까지 긍정적인 방향으로 이끌어준다.

6. 그리고 기본은 나를 행복하게 해준다.

이런 기본력의 근원에는 항상 새로운 내가 되고 싶은 바람과 어제보다 나은 삶을 만들기 위한 노력이 있다. 따라서 기본은 일정하지 않고 상황에 따라 변화하는 것이다.

이렇게 인생의 기본, 생활의 기본, 습관의 기본, 공부의 기본, 업무의 기본에 대한 이야기를 쓰다 보니, 일이 생활이고 생활이 일이고, 결국 이 모두가 행복을 위한 노력이라는 것을 알게 되었다.

나는 많은 사람들이 행복해졌으면 좋겠다. 그런 마음으로 모두가 행복해질 수 있는 '기본'에 대한 나의 경험과 생각을 나누어 보았다.

이 책이 독자들에게 삶의 기본을 만들어가는 친절한 안내서가 된다면 참 좋겠다.

2020. 2. 25.

한국을 떠나기 하루 전날 새벽에

다섯 가지 기본의 힘

2020년 5월 06일 초판 1쇄 인쇄
2020년 5월 15일 초판 1쇄 발행

지은이 | 이필준
펴낸이 | 이병일
펴낸곳 | 더메이커

전화 | 031-973-8302
팩스 | 0504-178-8302
이메일 | tmakerpub@hanmail.net
등록 | 제 2015-000148호(2015년 7월 15일)

ISBN | 979-11-87809-35-7(03320)
ⓒ 이필준

이 도서의 국립중앙도서관 출판예정 도서목록(CIP)은 서지정보유통지원시스템 홈페이지(http//seoji.nl.go.
kr)와 국가자료공동목록시스템(http://www.nl.go.kr/kolisnet)에서 이용하실 수 있습니다.(CIP제어번호:
CIP2020015230)